网络信息变迁时代青少年心理发展及教育研究

公长伟　著

吉林大学出版社

·长春·

图书在版编目（CIP）数据

网络信息变迁时代青少年心理发展及教育研究 / 公长伟
著 . — 长春 ：吉林大学出版社， 2021.12
　ISBN 978-7-5692-9615-0

　Ⅰ . ①网… Ⅱ . ①公… Ⅲ . ①互联网络—影响—青少
年—心理健康—健康教育—研究 Ⅳ . ① G444

中国版本图书馆 CIP 数据核字 (2021) 第 270896 号

书　　名：网络信息变迁时代青少年心理发展及教育研究
WANGLUO XINXI BIANQIAN SHIDAI QING-SHAONIAN XINLI FAZHAN JI
JIAOYU YANJIU

作　　者：公长伟　著
策划编辑：邵宇彤
责任编辑：李潇潇
责任校对：周　鑫
装帧设计：优盛文化
出版发行：吉林大学出版社
社　　址：长春市人民大街4059号
邮政编码：130021
发行电话：0431-89580028/29/21
网　　址：http://www.jlup.com.cn
电子邮箱：jldxcbs@sina.com
印　　刷：定州启航印刷有限公司
成品尺寸：170mm×240mm　　16开
印　　张：11.25
字　　数：233千字
版　　次：2021年12月第1版
印　　次：2021年12月第1次
书　　号：ISBN 978-7-5692-9615-0
定　　价：69.00元

前　言

随着计算机、互联网技术的飞速发展，网络信息的变迁成为我们这个时代的一个重要特征。网络信息变迁时代的到来，使得我们当今社会中的青少年，具备了独特的"互联网+"思维，并且在他们的生活、学习乃至工作过程中，打上了网络信息变迁的深刻烙印。

当互联网技术初步在中国青少年人群中普及时，社会舆论视互联网为"洪水猛兽"，认为当时的中国的青少年会被互联网误导，成为"垮掉的一代"。而经过了近30年的中国互联网民用化的发展，当今的青少年发展已经离不开互联网技术的正面引导了，网络空间俨然已经成为青少年成长的"第四空间"。互联网、移动互联网技术在当今的社会生活中，已经深刻渗透到人们生活的方方面面，而国家在战略规划过程中，也积极倡导"互联网+"的发展，促使"互联网+"成为当今中国社会发展的一个重要特征。当今的青少年一代，从出生便身处"互联网+"技术的深度背景之下，在他们的生活习惯中，"互联网+"早已成为他们生活、学习、发展过程中一个密不可分的组成部分。

对于网络信息变迁时代青少年心理发展以及教育而言，教育者需要积极利用"互联网+"思维展开对当代青少年的思想引导，根据当今网络变迁时代青少年的心理发展普遍规律，以及青少年在网络变迁时代的社会性发展特点，有效开展相应的心理辅导及教育指导工作。通过教育者积极有效的作为，务求使当今的青少年一代，将互联网视为促进自身生活、学习、沟通、交流、娱乐的一种工具，有效地发挥互联网的工具性价值，促进当今的青少年群体正确地利用互联网促进自身发展，使充满丰富资源的网络空间真正成为青少年健康成长的肥沃土壤。

本著作的编写，基于对网络信息变迁时代青少年群体的心理发展特点研究，进行了相应的探索与调查分析，通过把握当今网络信息变迁时代青少年群体的心理发展普遍规律，提出了相应的心理教育对策。希望借以此文，能够促进网络信息变迁时代青少年群体的心理健康发展，进一步为我国青少年心理健康教育事业的发展做出应有的贡献。

目 录

第一章 走进网络信息变迁时代

第一节 网络信息变迁时代的发展

一、网络信息变迁时代的定义与信息传播的主要影响

（一）网络信息变迁时代的定义

环境心理学认为，青少年所处的外部环境，能够对青少年的成长发展起到直接的影响作用。随着互联网技术的飞速发展，网络信息变迁时代已经悄然到来，青少年所处的外部环境，受到了互联网技术的深刻影响。

在互联网技术进入中国的 30 余年时间里，中国已经发展为世界范围内互联网用户第一的互联网大国。截至 2021 年 6 月，中国互联网用户总数已经达到了 10.11 亿，稳居全世界第一。其中，手机网民 10.07 亿。在这样的互联网发展背景下，我们真正迎来了网络信息变迁的新时代。所谓"网络信息变迁时代"，是指在大时代背景下，通过互联网信息传播的模式，在人们的思想道德、行为习惯、知识涵养、价值引领等方面产生积极深远的影响，有力地推动人们日常生活和学习的健康发展。

根据相关调查显示，我国未成年人互联网使用已相当普及，且未成年人中学龄前触网比例显著提升。2019 年，我国未成年网民规模为 1.75 亿，未成年人互联网普及率达到 93.1%。其中，32.9% 的未成年网民在学龄前就开始使用

互联网。[①] 未成年人首次上网的时间见图 1-1。

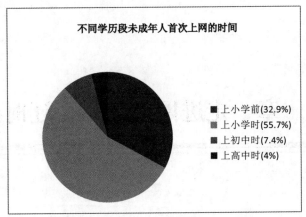

不同学历段未成年人首次上网的时间

- 上小学前(32.9%)
- 上小学时(55.7%)
- 上初中时(7.4%)
- 上高中时(4%)

图 1-1　未成年人首次上网的时间

　　根据相关调查显示，未成年网民的互联网使用情况，主要以上网听音乐和玩游戏作为主要的网上休闲娱乐活动，分别占 65.9% 和 61%；上网聊天作为网上沟通、社交的主要方式，占 58%；短视频作为新兴休闲娱乐类应用，占比达到 46.2%；受网课学习等因素的影响，未成年网民利用互联网进行学习的比例达到了 89.6%。这意味着我国未成年人的互联网使用将从"增量"阶段转向"提质"阶段，重点是如何利用互联网帮助未成年人更好地生活、学习。[②] 未成年网民的互联网使用情况见图 1-2。

---

① 中共中央网络安全和信息化委员会办公室．2019 年全国未成年人互联网使用情况研究报告 [EB/OL]．（2020-5-13）【2021-10-11】．http：//www.cac.gov.cn/2020-05/13/c_159091907 1365700.htm.

② 中共中央网络安全和信息化委员会办公室．2019 年全国未成年人互联网使用情况研究报告 [EB/OL]．（2020-5-13）【2021-10-11】．http：//www.cac.gov.cn/2020-05/13/c_159091907 1365700.htm.

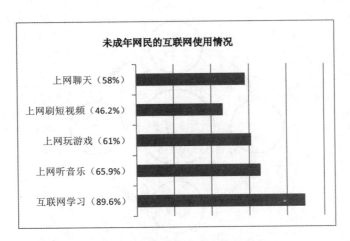

图 1-2　未成年网民的互联网使用情况

　　网络信息变迁时代的到来，不仅对于国人传统的价值观产生了重要的影响，而且对国人的日常生活和学习方式也带来了深远的影响。也许在 30 年前，网络购物、网络点餐等日常生活方式是人们难以想象的，而随着中国当今时代背景下的网络信息变迁时代的到来，网络购物、网络点餐等已经成为人民日常生活中最为平常的生活方式。在网络信息变迁时代的整体背景下，其核心的价值是信息的互联、互通，通过当今网络信息的"全媒体"传播途径，有效地利用多种网络传播平台，实现信息传播的渠道拓展以及流量增值。

（二）网络信息变迁时代信息传播的主要影响与特点

　　网络信息变迁时代对于青少年健康成长与发展具有重要的影响，通过信息传播的渠道能够对青少年的理想信念的树立、健康"三观"的养成、健全人格以及情感与意志的发展产生重要的影响。网络信息变迁时代对青少年的影响见图 1-3。

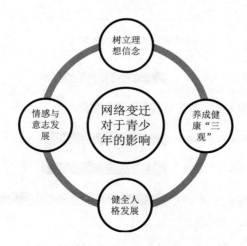

图 1-3　网络信息变迁时代对青少年的影响

　　具体而言，网络信息变迁时代的信息传播，具有信息资源传播总量大、信息资源传播范围广、信息资源传播影响力深刻的特点。

　　对于"信息资源传播总量大"而言，在当今的网络信息变迁时代，信息资源的传播呈现出"井喷式"的传播特点，不仅在信息资源的总量上实现了"爆炸式"发展，而且在信息资源的传播过程中，出现了同一信息资源在多种互联网平台上平行传播的新动能，从而促使信息资源总量成倍上涨。

　　对于"信息资源传播范围广"而言，网络信息资源能够在"全媒体"背景下的各种不同的网络信息传播平台进行有序的传播，在多种网络传播平台的共同作用下，积极拓展网络信息的传播范围。

　　对于"信息资源传播影响力深刻"而言，在当今的网络信息变迁时代，互联网信息的传播，能够对经济发展、教育改革、媒体业务拓展、人民文娱生活开展的多个方面产生深刻的影响。

　　这样，网络信息资源的传播模式，一方面能够有效丰富青少年的信息获取渠道，促使青少年通过网络媒介收获更多新知；另一方面，这些负面信息的传播给青少年健康成长带来了隐患，如果青少年不能仔细甄别这些负面信息，则很可能受到这些不良信息的误导。

　　（三）对于网络信息变迁时代的定义及主要影响的总结

　　网络信息变迁的影响，体现在国民生活的方方面面，在转变国人传统生活观念的同时，悄然地对国人的思维习惯产生了深刻的影响。在当今我国网络信息变迁时代的背景下，"互联网+"思维已经深入人心，对于国人的工作、生活方式产生了深远的影响。很多青少年在遇到各种问题之时，第一时间的反应就是从互联网中寻找解决问题的答案，这也更为明确地体现出了"互联网+"思维在我国青少年心中的地位。

传统的信息传播途径是"以点带面"的"二维化"信息传播途径，信息传播的总量与信息传播的范围都会受到信息传播平台的限制，而信息传播的影响力也自然受到了限制。而在网络信息变迁时代的背景下，信息传播的途径是"三维化"的立体传播途径，通过"全媒体"的有效发展，大大增加了信息资源传播总量，有效地拓展了信息资源传播范围，从而使信息资源传播影响力直线上升。

对当前我国的青少年群体而言，互联网技术已经成为其生活、学习过程中所不可或缺的关键技术，并且青少年群体的文化娱乐生活也主要依托互联网技术进行开展。这样的网络信息变迁现象，既体现出了当今我国乃至全世界"互联网+"发展的优势，同时也为青少年的心理健康教育提出了一个全新的课题。网络世界表面上是绚丽多彩的，但是充满了各种诱惑，然而青少年群体如果不能对网络信息进行客观的甄别，很可能沉迷于网络虚拟世界而无法自拔，甚至陷入网络陷阱之中。因此，全社会都需要对于网络信息变迁环境下的青少年心理健康教育加以足够的重视。

二、网络信息变迁时代对现实生活的影响与作用分析

（一）网络信息变迁时代极大丰富了人们的信息获取渠道

在网络信息变迁时代背景下，人们的信息获取渠道得到了前所未有的立体化拓展，人们能够在各种渠道、各种场合与各种时间中，随时获取信息、共享信息，甚至是发布信息。这样的信息传播模式，在有效提升网络信息变迁时代信息流量的基础上，更为深刻地影响了当代国人的思维习惯与生活习惯。

在当今的互联网技术的发展过程中，移动互联网的发展异军突起，并且已经成为网络信息变迁时代的互联网发展主流方向。专著《走进下一代互联网：改变你生活的物联网》指出："在以 PC 连接为基础的传统互联网时代，网络结构存在很强的社区特质，具有集群的概念，而移动互联网具有'去社区'的特质，每个人、每个终端都是中心。在移动社交网络的情境下，数据的聚合变得

无处不在。网络连接的端口从物理走向虚拟，从单一走向多元。"① 由此可见，在未来的网络信息变迁过程中，移动互联网必将发挥出更为重要的发展价值。

就青少年群体而言，信息获取渠道的丰富，能够更好地满足他们的信息化学习需求，促进青少年广泛开展课内外网络自主学习。然而，随着信息获取渠道的拓展，网络上的大量不良信息对于青少年群体的健康成长构成了巨大的威胁。为了确保青少年群体安全、高效地获取网络信息，避免不良信息、负面信息对于青少年的危害，需要家长与教师携手努力，为青少年构建健康、文明的网络信息浏览及应用习惯，从而确保青少年能够正确利用网络信息，切实避免他们遭到不良信息的侵害。

（二）网络信息变迁时代有效地促进了生活的便利

在网络信息变迁的时代背景下，"互联网＋"数字经济模式的发展为人们的生活带来了诸多便利。例如，在很多人熟悉的"网购"领域，消费者可以足不出户地通过电商网络平台进行产品的选购，并在确定购买并付款之后，享受直接"送货到家"的便利。而近年来异军突起的"网络订餐"产业，为更多都市的年轻人提供了丰富的餐饮选择。他们只要通过订餐软件进行相应的餐饮选择并付费，就能够在规定时间之内被送达消费者的手中，更加促进了当代都市青年人群的餐饮便利。

"曾几何时，世界上最大的免费物品是空气和阳光，如今可能就要数互联网上的信息了。网络信息的市场均衡价格近乎为零。免费带动付费，以至于数字经济蓬勃生长。专业机构和众包生产参差不一的内容，一起被投进了免费的染缸，难分彼此。"② 由此可见，在互联网的发展过程中，利用免费的信息传播手段，有效地带动了整体数字经济的发展，从而为人们的生活带来了更多的便利。

具体对于青少年群体而言，在网络信息变迁时代为他们的生活带来便利的同时，也有效地促进了青少年在信息化社会下的互联网运用能力发展。青少年通过利用以免费服务为主的互联网服务，能够实现学习领域的教学资源共享与获取；还能够在网络环境下，积极地同家长、教师以及同学展开网络互动交流。这样的互联网运用能力，是未来社会中的关键能力，通过在学习阶段的积

---

① 桑世庆，卢晓慧.走进下一代互联网 改变你生活的物联网 [M].北京：化学工业出版社，2016：1.

② 玛丽·吉科.超连接 互联网、数字媒体和技术 社会生活 [M].黄雅兰，译.北京：清华大学出版社，2019：29.

累，能够促使青少年在未来走入社会之时，更为适应信息化社会的发展需要。

（三）网络信息变迁时代为人们构建起了信息化思维

网络变迁时代不仅对于青少年的学习、成长、发展具有重要的影响和促进作用，也能够帮助青少年树立起积极的信息化思维，使他们的思维与时代的发展保持同步，从而真正地融入社会发展的大潮之中。

《顺"信"而为 信息化思维与领导力》一书曾指出："信息化思维是人类社会发展过程中出现的一种新的创造性思维方式，其实质就是运用信息化的视角认识事物、运用信息化的方法分析问题，再运用信息化的手段处理问题。"[①] 由此可见，信息化思维具有重要的实践价值。

在当前的社会生活过程中，网络信息变迁时代有效地为更多额青少年构建起了信息化思维。在信息化思维发展的背景下，青少年能够基于网络信息的共享、交流，有效促进自身的生活、学习、工作、发展；利用强大的信息化网络检索功能，有效获取自身需要的关键信息；利用云技术的共享价值，有效地共享信息化资源；利用信息化的娱乐方式，积极提升自身生活娱乐品质，等等。通过信息化思维的拓展，有效促使我国当代青少年利用信息化手段认识事物、分析问题、处理问题，从而实现生活质量的总体性提升。

而在青少年未来的发展过程中，信息化思维更是对于青少年未来的工作以及社会生活的实践具有重要的影响作用。青少年通过信息化思维的生成、发展以及运用，能够凭借互联网技术与信息化思维的融合，有效地提升学习效率；同时在信息化的社会交往过程中，充分利用网络社交软件开展自身的人际交往，等等。因此，信息化思维是当今青少年在未来发展过程中所必备的一种思维素养。

三、网络信息变迁时代下新思维、新理念的生成

（一）网络信息变迁时代下"互联网+"思维的生成

对于青少年来说，"互联网+"这个概念并不陌生，他们每天的生活以及学习都能够通过"互联网+"的模式进行相应的拓展。而"互联网+"思维，则是青少年在网络信息变迁时代下所产生的一种必要的思维模式。

专著《互联网思维》指出："互联网思维一经提出，如星星之火，渐成燎原，引发了巨大的社会反响和人们的普遍思考，范围也不再局限于经济领域，

---

① 樊兆杰.顺信而为 信息化思维与领导力 [M].北京：电子工业出版社，2021：7.

而是扩展到政治文明、文化建设等方方面面。"①在当今的网络信息变迁时代大环境下，人人都处于"互联网+"发展的大变革之中，并且人人都能够对于"互联网+"发展的大变革产生影响。在"互联网+"思维的引领下，学习、工作与生活中的一切事物似乎都能够与"互联网+"相关联。在网络信息变迁时代下人们"互联网+"思维的生成过程中，每个当代人都是"互联网+"信息的受众，同时，每个当代人都是"互联网+"信息的发布者。通过"互联网+"的理念发展，当代国人正在形成一种以"信息共享"为核心的"互联网+"思维，有效地通过互联网信息的共享，实现人与人之间的互联网交流，从而更为有效地提升"互联网+"媒介的信息传播价值。

对于青少年的生活、学习以及长远发展而言，"互联网+"思维的树立，不仅能够为他们提供在信息化社会背景下的必备生活能力，而且对于青少年未来的工作以及长远发展具有重要的影响作用。青少年通过在当今学习阶段的"互联网+"思维积累，在日后走入信息化社会之时，就能够充分适应"互联网+"的社会大环境，从而为他们的工作以及生活奠定关键性的"互联网+"基础。

（二）网络信息变迁时代下"流量至上"思维的生成

"流量"一词本指物理学中"单位时间内通过河渠或管道某一横截面的流体量。"②在网络信息变迁时代背景下，"流量"一词主要指网络信息的用户浏览量，具体包括数字图书阅读量、网络视频观看量、自媒体平台信息浏览量等。在当今我国的网络信息变迁时代环境中，利用自身网络产品或者网络信息的"流量扩充"，再有效地实现"流量变现"，已经成为当代中国互联网经济的重要发展途径之一。

例如，在当今热门的"短视频"领域中，其"流量"就与"变现"的成果直接挂钩。"短视频平台成功实例的背后都是巧妙地运用短视频的强传播特性，吸引用户关注，并产生购买行为。"③由此可见，正是由于受巨大的经济利益驱使，才形成了"流量至上"的思维。

在青少年的互联网生活过程中，很多"流量至上"的网络信息都具有误导性的负面作用，一方面，可能对于青少年的心理健康产生误导；另一方面，则可能对于青少年进行"误导消费"。在青少年心理健康教育过程中，教师及家

---

① 杜俊飞.互联网思维[M].南京：江苏人民出版社，2015：5.

② 夏征农，陈至立.辞海[M].上海：上海辞书出版社，2009：951.

③ 向登付.短视频：内容设计＋营销推广＋流量变现[M].北京：电子工业出版社，2018：2.

长应当促使青少年能够避免受到"流量信息"的误导，从而健康、安全地运用网络技术，获取网络资源。

（三）网络信息变迁时代下"互联网生活"理念的生成

在当今中国网络信息变迁时代背景下，"互联网生活"的理念已经深深地扎根在人们的心中，人们对于利用互联网的技术优势，有效提升自身生活品质，似乎已经达成了一种共识。"云计算、大数据、移动互联网是新一代信息技术的主要代表之一，也是信息技术领域的又一场革命，其影响已经渗透到人们日常生活当中，并且颠覆性地改变着人们日常生活、工作、学习以及交流的形态。以移动互联网为基础的生活方式与平台服务构筑成一个越来越方便、越来越美好的'云生活'。"[①] 由此可见，当前我国青少年的"互联网生活"主要以"云生活"发展为主，通过自身学习、生活乃至工作中各种事物的"云技术运用"，能够有效地帮助我国青少年群体及时解决各种学习、生活乃至工作问题，从而更好地促进我国青少年群体的学习与生活发展。同时，在我国青少年的未来生活中，"互联网生活"的作用必将日益凸显。青少年在发展"互联网思维"的基础上，还能够有效地依托互联网资源以及互联网技术，全面提升生活、学习乃至工作的质量，促使互联网技术为青少年的长远发展提供更为全面的助力。

第二节　网络信息变迁的特点

一、网络信息变迁的共享化特点

（一）共享化是当今社会互联网传播的基本特点

在我国乃至世界的网络信息变迁过程中，共享化是当今国内外社会互联网传播的基本特点。所谓"共享化"，主要是指建立在互联网沟通媒介基础上的信息共享、资源共享、技术贡献以及成果贡献。通过充分发挥互联网传播的"共享化"优势，能够有效地扩大互联网平台的资源保有量，促进整个互联网平台实现多种资源优势的共享。

---

① 邬厚民,陈凤芹,周索斓,等.畅享"云生活"（解读互联网世界的动漫科普读本）[M].北京:中国铁道出版社,2018:1.

对于我国当代社会的互联网共享而言，"共享化"的趋势是建立在"免费化"互联网信息交互基础上的，而随着"共享化"资源的"流量上涨"，各种电商平台则利用互联网营销手段，将免费的"共享化"内容实现"互联网变现"，从而创造出经济价值。这样的"共享化"网络营销运营模式，已经成为我国互联网经济发展的一大特点，并且必将在今后的互联网发展过程中实现进一步的完善。

青少年群体在共享互联网资源的过程中，既能够对有利于自身生活、学习的信息进行免费的获取，同时，也受到很多不良信息、负面信息的影响。为了确保共享化网络环境下的青少年心理健康发展，教师及家长应注重培养青少年的信息甄别能力，使他们能够自觉远离存在于网络中的不良信息，从而确保青少年的健康成长。

（二）通过信息资源共享创造经济价值

在当今互联网经济的发展中，通过"资源共享"而展开的"网络直播带货"已经成为带动互联网销售的一种新兴的销售方式。而青少年群体在接触"网络直播带货"的过程中，很可能受到主播的误导和暗示，而产生"冲动性消费"。他们这种"冲动性消费"会对家庭造成经济负担。因此，家长及教师应促使青少年群体能够避免相应的"冲动性消费"。

（三）利用信息共享化过程提升新媒体传播速度

在我国"新媒体"向"全媒体"的发展过程中，利用信息共享化的过程，对于一些社会热点信息的关注与共享，能够使这些社会热点信息的传播速度呈几何级数的提升，让多个"新媒体"平台共同促进同一条信息的传播，从而快速地提升信息的传播速度。

国内外的热点、热门信息，必然吸引多家"新媒体"平台的关注，利用对于国内外热门信息的"全媒体"传播过程，能够从根本上提升信息传播的速度，并且有效引发人们对于"新媒体"平台的评论与探讨。"从口语传播时代一直到现在的新媒体时代，传播方式、信息载体以及信息的数量和传播的质量都在逐步提升到更高的层次……真正有价值的信息不是各个时代的具体传播内容，而是这个时代所使用的传播工具的性质及其开创的可能性。"[①]可见，在我国"新媒体"面向"全媒体"发展的背景下，"全媒体"的发展必将为人际间的交往以及社会生活带来巨大的变革。

---

① 王宏，陈小申.数字技术与新媒体传播[M].北京：中国传媒大学出版社，2010：2.

由于当前的青少年群体成长于信息高度共享的环境下，他们在日常的生活中逐渐积累起的"信息化信息获取习惯"，能够为他们的长远发展带来十分积极的帮助。对于青少年的心理健康发展而言，"全媒体"的信息传播模式能够有效地拓展青少年的见识，并且促进青少年群体在接受网络媒体信息的过程中，更好地了解外部世界的发展动态，从而有效地提升青少年群体的社会适应能力。

二、网络信息变迁的传播性特点

（一）传播性特点是网络信息变迁的基础

在网络信息变迁的大环境下，"传播性"特点是一项最为基础的网络信息时代特征。青少年在网络信息传播的影响下，会受到网络思潮潜移默化地影响，通过网络信息的传播，实现自身与社会的互联网沟通及互动，从而使网络信息变迁背景下的"传播性"特点，对于青少年的心理健康发展产生重要影响。

对于网络信息变迁时代的青少年心理健康教育而言，网络信息的"传播性"特点可以说是一把双刃剑。一方面，家长、教师及社会如果充分借助网络信息信息传播优势，为青少年群体提供正面的教育及引导，那么青少年群体就能够在主观上更加认同家长、教师及社会的正面教导；而另一方面，如果青少年群体受到不良网络信息传播所带来的影响，很可能对于他们心理健康成长产生十分消极的作用，甚至对于青少年群体的成长与发展带来严重的危害。

具体而言，当今的青少年群体，既是网络信息的重要受众群体，同时也是网络信息传播的参与者和促进者。青少年群体在浏览网络信息的过程中，能够利用点评、转发、互动等手段，直接地参与到网络信息的传播过程中。为了让青少年群体更为健康地参与网络信息的传播，教师及家长应当有目的地帮助青少年群体构建"信息安全思维"，使青少年能够重视对于网络信息的甄别，避免浏览、传播负面网络信息，从而使青少年群体形成健康的网络信息传播观念。

（二）基于网络信息变迁构建新型信息传播平台

在网络信息变迁的背景下，"新媒体"平台层出不穷，而构建新型信息传播平台的设想，正在广大的互联网从业人员的脑海中进行酝酿。在未来的网络信息传播模式变化过程中，新型信息传播平台应当有效适应社会受众群体对于网络关键信息的需求，避免传播垃圾信息，避免制造虚假流量，从而利用高质量的信息传播服务，为公众提供可以信赖的新型信息传播平台。

"理解媒体、研究媒体，其实本质上都可以看作是一种对社会的关注和思考，而且这种研究有必要随着媒体传播环境的变化而不断更新，尤其是在网络传播时代，所有关于媒体和传播的元素都在不断发生转变，'发展性''不稳定性'和'变化性'是网络传播环境的显著特征。"①由此可见，构建新型信息传播平台需要充分重视"发展性""不稳定性"与"变化性"的特征，有效突出新型信息传播平台的"发展性"，积极规避新型信息传播平台的"不稳定性"，科学利用新型信息平台的"变化性"，打造高质量信息传播平台。

青少年群体是未来新型信息传播平台的主要受众人群，在建设未来新型信息传播平台的过程中，网络信息平台的构建者应当积极根据青少年群体的心理健康发展需要，有效地过滤垃圾信息、负面信息，为青少年群体创设一个健康、安全、干净的网络信息传播平台，从而更好地促进青少年心理健康的发展。

（三）通过"全媒体"发展有效提升互联网传播价值

"全媒体是指采用多种媒体表现手段，综合利用媒介形态，针对不同受众不同需求，通过多种传播渠道、平台、载体进行全方位、多层次、融合型的信息生产、信息传播、信息消费全面应用的当代媒体。"②我国的青少年在全媒体的网络环境下会受到思想与行动的多重影响，因此，正确的"全媒体"舆论导向对于青少年的健康成长不可或缺。

在"新媒体"面向"全媒体"发展的过程中，应充分利用不同媒体的相互融合发展，有效地实现"融媒体"发展效果，促使传统媒体在向"全媒体"的发展中更好地发挥作用，真正获得实质性发展，从而切实提升"全媒体"的互联网信息传播价值，促进各种传统媒体通过"全媒体"发展的思路走出"新媒体"时代下发展的困局。有效地发挥网络信息的"传播性"价值，在多种媒体融合发展的基础上，实现传统媒体与"新媒体"的协同发展，并利用"融媒体"的发展思维，切实地提升传统媒体在"新媒体"环境下的生存、发展质量，切实盘活传统媒体资源优势，从而更好地构建起我国的"全媒体"发展基础，实现网络信息变迁的突破性发展。

而对于青少年的心理健康发展而言，"全媒体"时代的到来，大大丰富了

---

① 唐嘉仪.新媒体传播十问 [M].北京：人民日报出版社，2017：3.

② 徐黎.如何理解"四全媒体"的内涵和意义？[N].学习时报，2019-04-08（004）.

青少年群体的信息获取途径，令青少年群体能够足不出户地获取海量的信息。随着我国"全媒体"发展模式的日益完善，在未来的"全媒体"传播过程中，需要媒体从业者进一步加强媒体传播的自律性准则，严防非法信息、负面信息通过主流媒体的传播渠道进行传播，从而为青少年群体构建一个"风清气正"的网络媒体环境。

三、网络信息变迁的交互性特点

（一）网络信息变迁的交互性特点构建起了网络交流的基础

在网络信息"交互性"的发展过程中，从 QQ、微信等网络信息交互软件的点对点交互，逐渐发展为"微博""微信公众平台"等网络信息交互平台，或者是"抖音""快手"等新型的"短视频"网络信息交互平台的以点带面式的信息交互过程，网络信息"交互性"的途径得到了不断的拓展与丰富，而其中网络信息交互的本质却一直未发生根本性的改变。

在当今各种网络平台的网络信息交互过程中，传统的 QQ、微信等网络信息交互软件提供的是个人与个人之间的交互；而"微博""微信公众平台"等网络信息交互平台，或者是"抖音""快手"等新型的"短视频"网络信息交互平台的网络交互特点是个人面向群体的网络信息交互。网络信息交互模式的变迁正在由个人面向群体的方向发展，而个人面向个人的网络信息交互不仅不会减弱，反而会得到更为健全的发展。通过个人对个人以及个人对群体的网络信息交互过程，最终构建起完善的网络信息交互平台体系，以满足不同用户的不同需要。

青少年群体作为网络交流的重要参与者，他们更加依赖于通过网络交流的途径开展社会交往。在青少年群体的网络交流过程中，既存在着合理的网络社会交往，同时，也存在着一些具有危险性的网络交流行为。例如，很多网络诈骗者会通过网络交流途径对青少年群体进行诈骗活动，等等。教师及家长应当在青少年开展网络交流的过程中，为青少年明确网络交流中潜在的危险性，并且引导青少年养成文明、规范的网络交流习惯，适度展开健康的网络交流，规避网络交流的风险。

（二）网络信息变迁的交互性特点改变了人际交往方式

在传统的人际交往过程中，人们更为注重面对面的信息交流沟通，而随着 QQ、微信等网络信息交互软件的出现，人们更加愿意通过线上的交流沟通过程解决简单的人际关系问题，而对于重要的人际关系问题，再采取面对面沟通的方式进行解决。可以说，QQ、微信等网络信息交互软件的成功，是因为它们改变了长久以来人们人际交往的形式，为客户人群提供了更为便捷、更为直接的网络信息交互途径，从而帮助用户拓展出了一条重要的网络信息交互渠道，构建起了"线上＋线下"的人际交往方式。

随着网络信息变迁的不断发展，青少年对于网络交互的功能更为熟悉，也能够在网络信息交互的过程中，有效地开展各项学习、工作任务，促使"互联网学习"得以真正的实现。尤其是在当今"百年未有之大疫情"背景下，青少年更为主动地利用网络信息的交互功能，开展日常的各种学习、生活活动，从而有效减少人群聚集，为防疫、抗疫工作带来积极的影响。

对于青少年的心理健康发展而言，网络交互的行为和模式能够有效地促进青少年群体与家长、教师以及同学的联系，并可以利用网络交互的拓展功能，实现"网络自主学习"等高级的学习需要。为了促使青少年群体更为安全、健康的网络交互，教师及家长应当引导青少年认识到网络交互的风险性，尽量避免与陌生人进行网络交流，从而使得青少年免受网络不良信息的危害。

（三）网络信息变迁的交互性特点带来了巨大的经济发展价值

在网络信息变迁的背景下，网络信息的"交互性"特点，为市场经济的发展带来了巨大的价值，从而使网络信息的交互成为主要的网络经济促进点，在为各大网络信息平台带来巨大流量的基础上，产生了巨大的经济效益。

这种基于网络信息交互而创造经济发展价值的模式，首先利用免费化的基础服务吸引大量的用户群体，继而在网络信息基础服务的基础上，推出网络信息付费服务，从而有效地将用户群体的基数转化为相应的经济发展价值。网络信息的"交互性"特点，不仅能够实现网络信息的高度共享，更能够基于网络信息的交互，带来巨大的经济发展价值，对于互联网经济的发展提供了十分积极的助力。

由于当前我国大部分的青少年群体没有固定收入，因此，在"互联网经济"的产业链发展过程中，没有独立的网络消费能力。而青少年群体互联网消费的过程一般都需要家长买单。为了给青少年群体构建正确的消费观念，家长与教师应当努力引导青少年群体树立理性消费观念，尽量减少不必要的网络消费，从而促使青少年群体形成健康的网络消费观念。

第三节 网络信息变迁的优势

一、拓展信息共享渠道

（一）增强网络信息的互联、互通

随着网络信息变迁时代的到来，网络信息的互联、互通功能不断显现出其巨大的优势，在高密度、大容量的网络信息传播空间内，各种网络信息错综复杂，不断刷新着人们的浏览记录，为当代社会背景下的网民带来了深刻的信息化思维影响，促使当代社会下的网民将通过互联网获取外部信息的途径发展成为自身的主要信息获取途径；并将互联网在线交流发展成为自身的主要社交方式。

网络信息的共享渠道拓展，对于实现网络信息的高度互联、互通具有直观的影响。在当今"新媒体"向"全媒体"发展的时代背景下，网络信息平台不会错过任何一个具有传播价值的信息，而将社会生活方方面面的有价值的信息进行网络传播，从而带来相应的"信息流量"，为网络信息平台带来相应的经济效益。

对于青少年的心理健康发展而言，网络信息的互联、互通是一把"双刃剑"。一方面，青少年群体能够通过网络信息的互联、互通开展"互联网学习"等活动，充分获得网络信息互联、互通的便利；而另一方面，网络信息的互联、互通也存在着低俗信息、网络诈骗等网络陷阱。教师及家长在引导青少年合理运用网络的过程中，应当在鼓励青少年充分利用网络互联、互通的正面作用的同时，帮助青少年群体明确具体哪些网络信息对于他们的健康成长具有危害性，从而切实地提升青少年群体的网络信息辨别能力。

（二）积极传播"正能量"的网络信息

在我国网络信息变迁时代背景下，以政府的官方网络媒体为主导，社会网络媒体行业知名网络媒体共同参与的模式，能够积极、有效地传播"正能量"的信息，并通过"正能量"信息的传播，有效地引导网络舆情的发展方向，从而促进各大网络媒体平台积极传播"正能量"网络信息，有效引导民众达到"正能量"的网络传播效果。

在积极传播"正能量"网络信息的过程中，首先应以"社会主义核心价值观"为导向，重视中华民族传统美德的发扬，为广大网络受众群体带来正面、积极的舆论导向。通过"正能量"的网络信息传播，力求突出信息内容的客观、公正的特点，在实事求是的基础上，积极倡导网络信息变迁时代背景下的公序良俗。在提升广大网络受众群体的凝聚力的基础上，加强广大网络受众群体的思维向心力，在规划"实现中华民族伟大复兴的中国梦"的过程中，促进各方面网络受众人群基于自身本职岗位，为实现"中华民族伟大复兴"的事业做出应有的贡献。

对于青少年群体而言，在他们的学习、生活过程中，"正能量"的网络信息有着重要的引导价值。通过引导青少年群体多加关注"正能量"的网络信息，能够促使青少年群体树立积极的理想信念，帮助青少年群体发展出健全的人格与三观，并且促进青少年群体道德素养的发展，最终通过"正能量"网络信息的积极引导，实现青少年群体的全面发展。

（三）利用网络信息传播促进社会发展

在当今网络信息变迁时代背景下，网络信息的传播与共享能够对社会发展与社会进步起到关键性的促进作用。通过网络信息的有效利用，能够使当代社会发展得更为均衡，从而更好地促进社会实现和谐发展。就青少年群体而言，网络信息的有效传播，能够在提升社会外部环境的发展质量的基础上，为青少年群体提供更为全面的社会生活服务。同时，有效利用互联网教育手段，促进青少年群体积极开展网络学习，以此提升青少年群体的学习效果。最后，利用互联网的文化娱乐资源，更好地丰富青少年群体的课余文娱生活。

首先，在工商业发展中，基于"大数据、云计算、物联网"等先进网络信息技术，在促进装备制造业发展的基础上，利用电子商务带动多产业协同发展，利用网络信息的高度共享与深度互联，将网络信息真正地转化为经济价值。社会经济基础的发展，能够在整体上为青少年群体构建起更为良好的社会成长环境，为青少年群体带来更多的社会服务功能。

其次，在教育领域，利用网络信息的传播，能够有效地促进教育进步，使教育领域实现突破性的进展。通过网络信息的传播，从根本上提升教育发展力，利用深度互联、高度共享的网络信息，进一步促进教育实现可持续发展。随着网络技术的高度普及，当今的互联网教育已经成为青少年群体获取知识的重要渠道；通过网络学习，能够从根本上提升青少年的学习质量。

最后，在文化娱乐领域中，利用网络信息的传播，能够有效地为青少年群体带来更具有"互联网+"特色的文化娱乐产业服务，充分发挥其中蕴含的文化娱乐网络信息传播价值，以正面的传播导向更好地丰富青少年的文娱生活。

二、为人民生活带来便利

（一）通过"网购""网约"满足人民基本生活需要

网络信息变迁时代对于人民群众的最大作用，就是为人民的生活带来了极大的便利。具体而言，人民群众最基本的生活需要无非集中于购物、出行以及餐饮领域中，而通过"网购""网约车"以及"外卖送餐"的互联网服务模式，能够有效地满足人民群众的购物、出行以及餐饮需要，更加促进了人民群众通过网络获取生活便利的发展。

例如，在"网购"领域当中，不但能够使网络购物者选购到比商场专柜价格更为低廉的商品，而且还能够通过网络电商平台的运作，利用"开设网店"的途径，更为有效地解决社会人群就业问题，从而在促进互联网经济发展的同时，为"网购"的买卖双方都带来相关的收益。

又如在"网约车"领域当中，人们需要"打车"时不用再站在路边等待出租车的到来，而是通过"网约车"APP，进行实时的"网络打车"。这样，既能够提升人民群众出行的效率，也能够带来更多的工作机会，从而更有效地促进了人民群众的出行便利。

对于青少年群体而言，诸如此类的"网约"式服务也正日益成为他们生活中的常态，促进他们更好地形成"互联网生活能力"。在家长使用"网购"与"网约"等互联网服务的过程中，青少年群体能够有效积累互联网消费的经验，以便青少年群体在日后独立生活之时，能够将自身的互联网消费经验转化为"互联网生活能力"，从而帮助青少年群体实现更为完善的社会化发展。

（二）利用网络信息传播为人们的工作、学习、生活提供指导

在网络信息变迁时代，网络信息的传播对于青少年群体的工作、学习、生活都具有重要的指导价值。首先，对于青少年学生的学习而言，"网络自主学习"的模式已经成为当代学生所习惯的一种学习形式，利用"翻转课堂""微课视频学习"等途径，使学生的"网络自主学习"不再受时间和空间的限制，能够随时随地展开"网络自主学习"，并且有效地提升学习效率。其次，对于生活而言，通过网络信息的导向，能够使更多的网络受众群体了解丰富的生活

信息，从而基于生活信息的获取，有效地提升生活质量。

例如，在当今的"新冠肺炎疫苗"接种工作开展中，各个社区居委会通过建立"微信群"的方式为本辖区提供具体的疫苗接种信息。而社区居民只要通过接收"微信群"中的疫苗接种信息，就可以选择在合适的时间分期、分批接种疫苗，从而使居民的生活更加便利。

在未来的社会发展过程中，社会生活的方方面面必将加速"信息化"发展的脚步。青少年群体在工作、学习以及生活过程中，通过高质量的网络信息传播，既能够切实提升工作、学习以及生活的质量，同时也能够更好地帮助他们树立良好的信息化学习能力、信息化生活意识，促进青少年群体利用自身完善的"互联网+"思维，更好地完成各种工作、学习、生活任务，从而真正促进青少年群体获得良好的发展。

（三）利用"互联网+"办公促进职业领域的信息化发展

随着网络信息变迁时代的到来，"互联网+"办公已经成为当今职场的一种流行趋势，并且呈现出不断发展壮大的势头。而随着"互联网+"办公的不断深入发展，一些相关的职场人员开启了远程办公的新型企业办公模式。平时在家中通过"互联网+"办公手段完成工作任务，减少了从家中到达单位的时间，甚至能够开展异地办公，一方面提升了工作人员的办公便捷性，另一方面提升了工作人员的办公效率。

作为未来职场的主要劳动者，当代的青少年群体应在生活、学习中的"互联网+"技术运用过程中，有意识地提升自身的信息技术运用能力，从而为自身未来的职业发展增添更为突出的职业能力。在青少年群体接触各种信息化办公软件的过程中，可以利用自身的信息技术运用能力，对于相应的信息化办公软件开展探索和研究，并在自身的日常互联网在线学习过程中，利用一些办公软件辅助自身的互联网学习，从而提升自身互联网自主学习的效果，为自身今后的职业发展奠定基础。

三、促进国民经济发展

（一）基于电子商务平台，有效促进电子商务发展

"互联网的崛起，使得互联网成为全球产品和服务的主要流通渠道，甚至还成为管理与其他专业人才的流通渠道。也许互联网最终会成为全球最主要的

流通渠道。"①由此可见，电子商务的发展价值不仅局限于经济领域，而对于整个社会的发展都具有巨大的推动力。

随着我国电商平台的高速发展，我国已经成为电子商务流量的第一大国。在 B2B、B2C、C2C 等电商形式的发展过程中，我国的电子商务模式不断优化，在为国家创造巨大的经济税收收入的基础上，更加便于我国"供给侧"改革的可持续发展，使我国的电子商务成为促进经济增长的新产能、新动能。未来，我国的电子商务发展模式必将进一步完善，从而在有效促进电子商务发展的基础上，更好地体现出电子商务的价值。

在青少年的日常生活中，大多数青少年群体对于电子商务具有一定的了解，通过自身或者父母的"网络消费"经验，对于电子商务形成了一个整体性的认识。教师及家长在引导青少年了解电子商务的过程中，应当帮助青少年群体建立"理性消费"的观念，从而促进青少年群体的健康成长与发展。

（二）通过"新媒体"渠道有效创造"流量价值"

网络信息变迁时代背景下，"新媒体"平台通过发挥"新媒体"的传播优势，为我国经济社会的发展创造出了巨大的"流量价值"。在丰富广大人民群众文化、娱乐生活的基础上，有效地拓展了"互联网 +"信息传播渠道，我国的"新媒体"产业异军突起，我国成为"新媒体"用户的第一大国，并且成为"新媒体"发展质量的第一强国。在我国"新媒体"平台的发展过程中，从 BBS（网络论坛）开始，逐渐产生了"微博""微信公众平台""短视频平台"等"新媒体"平台。在这些"新媒体"平台的运转过程中，媒体资源的提供者可以是任何人或者组织，"新媒体"平台的用户也能够基于"新媒体"平台发布自身的信息，从而促使"新媒体"向"自媒体"时代发展。

青少年群体具有较强的接受能力，更是"新媒体"的主要受众人群。在青少年群体关注"新媒体"发展的过程中，教师及家长应当关心青少年群体所关注的"新媒体"内容，积极引导青少年群体关注健康、正面的"新媒体"信息，杜绝青少年群体关注消极、负面的"新媒体"信息，从而更好地促进青少年群体的健康成长与发展。

（三）利用"互联网 +"理念有效促进实体经济的发展

当前，我国实体经济发展与"互联网 +"理念的融合，为实体经济的发展开辟了一条新的道路，利用"互联网 +"理念以及"互联网 +"技术，能够有

---

① 袁红清，李绍英.电子商务：理论与实训 [M].杭州：浙江大学出版社，2019：4.

效地提升我国实体经济发展的效率与质量。

在"大数据、云计算、物联网"等新型网络技术的促进下，实体经济的发展得到了"互联网+"理念的助力，从而获得了宝贵的实体经济发展机遇。实体经济发展的根本在于装备制造业的发展，而当今我国的装备制造业在"互联网+"理念的引导下，有效地实现了机械化、人工智能化发展，建立了完善的装备制造业"互联网+"发展的新模式。与此同时，在农业生产领域，基于"互联网+"的网络农产品销售，使大量的农村贫困地区实现了"脱贫致富奔小康"的目标；并且通过"新媒体"宣传的手段，积极推广乡村生态旅游，使"绿水青山"转变成"金山银山"。

对于青少年群体而言，他们可以通过线上、线下的多种渠道，认识到"互联网+"技术对于我国实体经济发展的促进作用，从而树立起积极、健康的"互联网+"技术运用思维，认识到"互联网+"技术的主要作用是对于社会经济生活的促进，使青少年群体形成正确的"互联网+"思维与观念。

第四节　网络信息变迁的不足

一、低质量信息充斥网络媒体

（一）流氓软件、垃圾程序成为网络毒瘤

在当今网络信息变迁时代的背景下，网络的发展并非十全十美，而且仍有很多缺陷与不足。其中，低质量信息充斥着网络媒体，并且大量的流氓软件与垃圾程序正在不知不觉中损害着网络用户的利益。

对计算机客户端的流氓软件而言，网络用户也许会在不知不觉中点中某些非法链接，这样，流氓软件就会自动安装到计算机系统之中，从而产生之后一系列的网络安全隐患。而对于手机APP而言，流氓软件的安装渗透则更为隐秘，网络用户也许误点了某些非法链接，一些流氓软件就会自动地植入到网络用户的手机之中，从而严重地威胁到手机网络用户的信息安全。

由此可见，在当今网络信息变迁时代的环境下，流氓软件、垃圾程序这些网络毒瘤在严重地危害网络信息安全的同时，将会对电脑及手机互联网用户构成严重的信息安全威胁。

在这样的网络环境威胁下，教师及家长应当积极对青少年群体进行行之有

效的信息安全教育，引导青少年群体能够准确分辨可能具有网络安全风险的网站，并自觉抵制相应的流氓软件、垃圾程序，为青少年群体树立切实可用的网络信息风险防控意识。

（二）网络媒体平台存在大量低俗信息

我国当今的网络媒体平台，仍存在着大量的低俗信息。平台利用低俗的形式误导公众，从而获取相应的"流量"，为我国的网络媒体健康发展造成了相当大的阻碍。

低俗信息的网络传播不仅对于网络道德公约是一种违背与破坏，而且还会对青少年产生误导，严重的还会损害青少年的身心健康。在近期的清网行动中，主管部门对一批"低俗网络信息"的发布者实施"封号"处理，而各大网络媒体平台也删除了大量"低俗网络信息"。

由此可见，在当今网络媒体平台整体发展向好的背景下，网络媒体平台尚存在着充斥低俗信息的发展隐患，各个网络媒体平台的信息发布者在积极贯彻落实《文明上网自律公约》的基础上，要切实对自身所发布信息的质量负责，从而更好地促进互联网媒体平台的健康发展。

对于青少年群体而言，一些网络低俗信息往往对他们充满了诱惑力。在青少年群体的心理健康教育过程中，教师及家长应当为青少年群体明确网络低俗信息对于青少年心理健康发展的危害，引导青少年主动摒弃对网络低俗信息的"猎奇心理"，从而为青少年的健康成长构建起一个洁净、健康的网络环境。

（三）对于低质量信息的监管举步维艰

存在于我国网络媒体平台中的低质量信息，具有隐蔽性强、难于监管、概念界定不明确的特点，这导致我国相关的网络监管部门，对于网络低质量信息的监管举步维艰。一些网络低质量信息的发布者，善于打擦边球，使自身发布的网络低质量信息很难被网络监管部门界定，从而提升了网络信息监管的难度。

在具体的网络低质量信息监管过程中，网络监管人员应在充分浏览各个网络媒体平台信息的基础上，进行科学识别以及依法鉴定，对于网络违法信息加以有力整治，并对于违法信息的发布者进行依法处罚。而对于隐蔽性强、难于监管、概念界定不明确的网络低质量信息的监管，则需要网络监管人员在有效提升低质量信息辨别能力的基础上，制定科学的低质量信息鉴定标准，从而便于在海量的网络媒体平台信息中有效甄别低质量信息，并根据相应的网络信息监管条例，开展对于低质量网络信息的下架、封号以及进一步的处罚。

教师及家长通过心理健康教育的过程，应为青少年明确网络低质量信息的危害及主要特点，引导青少年群体在遇到网络低质量信息之时，首先应当在认识到网络低质量信息的危害的基础上，停止对于网络低质量信息的浏览；之后在具有"举报"功能的网站或者手机 APP 上，进行相应的"低质量信息举报"，从而使青少年获得更加清朗的网络环境。

二、我国网络信息安全程度尚有待提升

（一）网络信息安全隐患不断增加

"计算机网络和通信是促进信息化社会发展的最活跃的因素。然而，任何事物的发展都具有两面性。由于计算机互联网络的国际化、社会化、开放化、个性化的特点，使得它在向人们提供网络信息共享、资源共享和技术共享的同时，也带来了不安全的隐患……网络信息的泄漏、篡改、假冒和重传；黑客入侵、非法访问、计算机犯罪、计算机病毒传播等对网络信息安全已构成重大威胁。如果这些问题不解决，国家安全就会受到威胁，电子政务、电子商务、网络银行、网络科研、远程教育和远程医疗等都将无法正常开展，个人的隐私也得不到保障。"[1]

对于网络信息犯罪、计算机病毒传播等网络安全隐患，应在网络监管部门的大力倡导下，进行相应的依法处置，通过法律的武器，对于上述威胁互联网安全信息的发布者进行依法处理。通过不断提升网络信息监管的力度，努力抵制网络安全隐患，并促使网民提高网络风险防控意识，从而有效降低上述网络安全隐患带来的负面作用。

在青少年群体的心理健康教育过程中，教师及家长应当为青少年明确网络信息安全的风险性及不确定性，促使青少年形成初步的网络信息安全意识。具体可以通过引导青少年避免登录来历不明的网站，以及避免下载具有信息安全风险的软件的方式，帮助青少年降低网络信息安全风险，促进青少年安全健康地运用网络技术。

（二）公民个人信息容易通过网络途径泄露

公民个人信息的网络泄露，已经成为当今互联网行业健康发展的重要阻碍。具体在公民个人的网络信息浏览过程中，时常会遇到"账号注册"的情况，

---

[1] 蒋天发.网络信息安全 [M].北京：电子工业出版社，2009：13.

而在开展"账号注册"的过程中，需要公民个人提供自身真实的个人信息，其中包括身份证号码、银行卡号、具体住址，等等。而一些违法、违规的网络运营商，将会利用公民个人的注册信息进行网络途径的转卖，而获取非法利益。同时，购买公民个人信息的个人或组织，一般都是具有一定的非法企图，具体如虚假销售、网络诈骗等。这些对于网络信息安全以及公民个人信息的安全构成了巨大的威胁。

由此可见，在当今复杂的网络信息变迁时代背景下，公民个人需要加强对于个人信息的保护意识，不在没有取得公众信任的网络平台泄露公民个人信息，从而在源头上减少公民个人信息网络泄露问题的发生。对于青少年群体而言，教师及家长应当教育他们尽早养成对于公民个人信息的保护意识，不在来历不明的网站或者手机 APP 上泄露个人隐私信息，从而为青少年群体提供基础的网络信息安全保障。

（三）网络安全总体形势愈加严峻

《中国互联网发展报告 2020》指出："网络安全总体形势愈加严峻……2020年上半年，国家信息安全漏洞共享平台收集并整理信息系统安全漏洞 11073个，较 2019 年同期增长 89.2%，其中高危漏洞 4280 个，较 2019 年同期增长128.1%。国民数据安全防护意识依然薄弱，大规模数据泄露事件频发，2019 年，国家互联网应急中心（CNCERT）累计发现重要数据泄露风险与事件 3000 余起，规模已达亿级，最高为 20 亿条。网络黑色产业链发展形势严峻，新技术新应用的融合导致安全风险复杂叠加并快速演化。"①

由此可见，我国整体的网络安全形势愈加严峻，面对国外的黑客攻击等行为，尚未找到有效的杜绝手段。与此同时，大规模数据泄露的现象屡见不鲜，为国家的网络信息安全，以及公民的个人网络信息安全造成了重要的隐患。在青少年群体的心理健康教育以及网络安全教育过程中，教师可以利用"案例教学法"为青少年详细分析相应的网络安全教育案例，使青少年认识到网络安全隐患离我们并不遥远，从而起到相应的警示作用。

三、网络消费欺诈及信息误导仍然存在

（一）违法信息、负面信息真伪难辨

在海量的网络信息传播过程中，网络用户很难对于网络信息的真实性加以

---

① 中国网络空间研究院.中国互联网发展报告 2020[M].北京：电子工业出版社，2020：17.

检验，造成了很多虚假信息、诈骗信息、垃圾信息在网络上泛滥。而对于以"自媒体"为主的网络信息，一般的网络用户确实难以进行检验，从而造成了以虚假信息、诈骗信息、误导消费信息、垃圾信息、封建迷信信息为主的网络负面信息的广泛传播。

在网络信息真伪难辨的背景下，网络用户首先应当树立对于网络信息的警觉性，对于负面网络信息提高警惕，并基于对于相关网络信息监管条例的学习与理解，有效地甄别非法信息与负面信息，使网络用户在获取网络信息的过程中，实现信息安全的不断提升。而在发现网络非法信息及负面信息时，网络用户应当积极通过网络媒体平台的"举报"途径，对于非法信息及负面信息及时加以举报，从而促使网络媒体平台快速处理这些非法信息、负面信息，避免这些非法信息、负面信息的进一步传播。

为了有效培养青少年群体对于违法信息、负面信息的分辨能力，教师和家长需要利用自身的网络信息运用经验，为青少年总结违法信息、负面信息的一般性特点，促使青少年群体在主观上加强对于违法信息、负面信息的警觉性，并能够在遇到违法信息、负面信息之时，主动停止浏览并进行举报。

（二）网络诈骗现象屡见不鲜

"在'人人互联'的网络时代，青少年也不可避免地被卷入网络世界中。网络是一把双刃剑，在给我们的生活带来便利、精神带来愉悦和满足的同时，也会给我们的人身和财产安全带来隐患。青少年在网络世界中，可能会遭到多种多样的网络使用风险和安全问题，比如网络暴力、网络色情、网络诈骗等。"[1]

就网络诈骗而言，并不像传统诈骗那样有具体的犯罪现场，犯罪行为地点和结果地点不一致，行为人与受害人无须见面，一般只通过网上聊天、电子邮件等方式进行联系，就能在虚拟空间中完成犯罪。犯罪嫌疑人在作案时常常刻意用虚构事实、隐瞒身份，加上各种代理、匿名服务，使得犯罪主体的真实身份被深度隐藏，从而难以确定嫌疑人所在地。同时，行骗人往往还利用假身份证办理银行卡、异地异人取款、电话'黑卡'等手段隐藏，得手后立即销毁网上网下证据，使得隐蔽程度更高，导致网络诈骗犯罪急速上升，打击难度也越来越大。由此可见，在青少年心理健康教育过程中，教师及家长应引导青少年

---

[1] 田丰，郭冉，黄永亮，等．中国青少年互联网使用安全问题研究［J］．公安学研究，2018，1（04）：1-31+123.

积极提升对于网络诈骗的警惕性，对于网络兼职、冒充客服、网络交友等网络诈骗行为，具有相应的制止能力，从而更为安全地运用互联网。

（三）网络信息误导对于青少年产生了负面的影响

在当前的网络信息变迁时代背景下，网络信息误导对于青少年产生了十分负面的影响。在一些"新媒体"平台中，很多网络"流量明星"利用网络信息误导、毒害着我国的青少年，由此产生了负面的影响。一些网络"流量明星"利用不当的网络言论，引导青少年形成拜金主义、自私自利、享乐主义、提前消费等错误价值观，使很多青少年人群在对网络"流量明星"产生信任的基础上，认同了拜金主义、自私自利、享乐主义、畸形消费主义等错误价值观。

在抵制网络信息误导的过程中，网络监管部门要对于相关的网络信息予以道德及法律的甄别，有效剔除其中的误导性网络信息，促使网民能够接受更多"正能量"的网络信息。同时，应当督促各大网络媒体传播平台，加强网络媒体传播的自律性与规范性，从网络媒体传播平台的源头避免网络信息误导现象的发生，从而为我国的青少年建立起安全、健康、积极的网络学习成长环境。从学校及家庭教育的角度而言，教师及家长要传授青少年心理健康教育知识，应帮助青少年群体建立科学的网络信息分辨能力，促进青少年群体能够在大量的网络信息中，准确地分辨出负面信息，从而自觉远离网络信息误导的基础上，确保青少年具有安全、健康的网络环境。

第五节　网络信息变迁时代对青少年心理成长的影响

一、网络信息变迁时代对青少年心理成长的积极影响

（一）利用网络在线教学技术，引导青少年养成积极的网络学习习惯

青少年群体通过网络学习这一过程，一方面，能够使青少年群体收获大量的知识；另一方面，能够使青少年群体形成良好的信息化学习能力，从而为青少年的健康成长带来双重的促进作用。

随着网络在线教学技术的不断发展，为我国当代青少年创建出一种崭新的学习模式，并促使越来越多的青少年养成了积极的网络学习习惯。随着网络教学技术在我国的大、中、小学的广泛普及，也出现了大量网络在线教育辅导机

构，促使我国的网络在线教育资源不断扩充、不断丰富，使得我国在线教育得到高质量的发展。

在我国大、中、小学的网络在线教育过程中，"翻转课堂""微课教学""PPT 导学"等教学技术已经日臻成熟，我国的青少年人群能够在开展网络在线学习的过程中，发展学习兴趣，习得相关知识，提升学习能力，从而更为高效地开展线上、线下相结合的学习，促使我国青少年利用网络真正实现高校学习、自主学习，开辟出一条自主化学习的新天地。

（二）通过网络信息获取，丰富青少年知识见闻

青少年的心理健康成长，离不开社会经验的丰富；而网络信息的获取，能够使青少年足不出户地获取丰富的知识见闻，从而更加利于青少年群体的社会经验积累。与此同时，通过网络信息获取的途径，能够在更短的时间内，帮助青少年群体更好地增加社会阅历，以此更为高效地提升青少年群体的社会化发展水平。

网络最大的作用就是丰富了信息资源的传播媒介，在青少年开展网络浏览的过程中，能够通过网络信息获取的途径，有效丰富自身的知识见闻。在传统的观念下，人们一旦遇到生活中的问题，就会向有生活经验的长辈或是专业人士进行请教；而如今的青少年，一旦遇到生活中的问题，则会第一时间利用网络检索的方式，在互联网中寻找答案。由此可见，我国青少年的互联网浏览行为习惯已成为他们在生活中不可或缺的关键性生活元素，并且必将持续促进我国青少年人群的生活、学习乃至长远发展。我国的青少年人群，不断地通过网络浏览的方式获取信息、获得知识，形成一种更为积极的互联网生活观念，促使我国的青少年人群有效利用网络信息的互联互通，不断充实自身的知识见闻，并且还能够对一些感兴趣的网络信息发表评论、转发等。在有效提升互联网利用率的基础上，为我国当代青少年的健康成长带来了十分积极的促进价值。

（三）接收网络"正能量"信息，促进青少年全面发展

"正能量"指的是一种健康乐观、积极向上的动力和情感，是社会生活中积极向上的行为。是指所有积极的、健康的、催人奋进的、给人力量的、充满希望的人和事。它已经上升为一个充满象征意义的符号，与我们的情感深深相系，表达了我们的渴望、我们的期待。

"青年既是建构清朗网络空间实践的主要建设者，同时也是清朗网络空间

的最大受益者。在我国实现网络生态治理，构建清朗网络空间的实践中，更需要聚集青年正能量。"[①] 为了给青少年构建正能量网络空间，我国的网络监管部门一方面加强针对网络不良信息的"清网行动"，一方面利用网络媒介为青少年提供具有积极舆论导向的网络正能量信息，促使青少年的上网环境得到了持续的改善。

我国青少年在进行网络信息获取的过程中，应主动去了解与获取相应的"正能量"信息，并通过"正能量"信息的有效引导，树立为实现"中华民族伟大复兴"事业而贡献终身的理想，并且充分利用"正能量"信息的可持续良性循环特点，不断提升青少年的思想道德素养，促使我国青少年在通过网络媒介接受"正能量"信息的过程中，有效发展成为"全面发展"的社会主义建设者和接班人。

二、网络信息变迁时代对青少年心理成长的消极影响

（一）青少年容易因上网成瘾而影响生活

青少年群体由于缺乏有效的自我控制能力，很容易发生"上网成瘾"的现象，从而严重地影响他们的正常生活。"近年来，研究者在继续关注一般性网络成瘾的同时，也开始探讨不同类型网络成瘾的独特特征。其中，网络游戏成瘾和网络社交成瘾在青少年群体中备受关注，成了新的研究增长点……2018年，世界卫生组织发布的《国际疾病分类》（ICD-11）也将网络游戏障碍列入精神疾病范畴。此外，根据上网媒介、载体的不同，还可将网络成瘾划分为计算机成瘾和智能手机成瘾。"[②]

在青少年网络成瘾现象中，网络游戏成瘾问题最为突出，也最为受到社会的关注。适度的网络游戏能够帮助青少年拓展思维、开发智力，但是一旦形成玩网络游戏成瘾的问题则会对青少年的生活、学习乃至未来的工作造成巨大的负面影响。青少年的上网成瘾问题，也一直受到社会各方面的关注，并且诸多专业人士提出了解决青少年上网成瘾的方案。而相较于外部的干涉，青少年首先应从自律做起，有效地避免出现上网成瘾问题，从而以自身的控制力利用网络促进生活的各方面发展。在青少年加强自律的同时，教师及家长应当利用正面的教导，为青少年群体明确"上网成瘾"的危害，促使青少年群体能够在主观上产生对"上网

① 郑浩．凝聚青年网络正能量 [N]．中国青年报，2020-03-23（002）．
② 李董平．青少年网络成瘾 [M]．北京：中国社会出版社，2020：2．

成瘾"的警惕性，从而避免更多的青少年形成"上网成瘾"的问题。

（二）青少年容易受到互联网不良信息的影响

"在互联网＋背景下，针对青少年来说，他们年纪上小，正处于人生成长的关键期，没有形成独立的思想和人格，面对互联网上各种各样的信息还没有绝对的分辨能力，互联网虽然能带给他们一个不一样的世界，但是其中的信息良莠不齐，存在一些西方化的思想以及各种不良信息，如果教师和家长没有及时的引导，就会对青少年的三观产生极大的不良影响。"①

目前，网络不良信息的多元化趋势已经非常明显：除了已经被各大媒体曝光的各种情色类的视频、图片、文学等"低俗内容"之外，网络不良信息中还存在着赌博、造假、诈骗等各类违反法律和违反道德的内容。在面对互联网不良信息的过程中，青少年群体缺乏相应的信息辨识能力，因此，容易受到互联网不良信息的误导。

为了有效地应对互联网不良信息在青少年群体中的传播，我国网络监管部门投入了巨大的力量，制定《中华人民共和国网络安全法》，积极倡导《文明上网自律公约》的落实，并加强了对于中国网络媒体平台的监管，使近年来的互联网不良信息泛滥现象得到了初步的遏制。但是与此同时，在我国的互联网中，仍然存在着大量的互联网不良信息，青少年群体在接触这些互联网不良信息的过程中，极易受到相应的影响，导致青少年道德观念发展的偏差，以及被网络诈骗为主的"谋利型"信息欺诈，从而蒙受经济损失。

（三）青少年容易因为负面网络信息的影响而产生消极情绪

在青少年的心理成长历程中，情绪的变化对于青少年的心理健康成长具有重要的作用，然而在互联网环境下，网络虚拟空间的信息质量良莠不齐，对于青少年的健康成长形成隐患。

相对于违法的互联网不良信息而言，互联网中还存在着大量的负面网络信息，虽然这些负面网络信息不违背相应的法律，但是其消极的观点以及负面的信息内容，极易引导青少年人群产生消极负面的情绪，从而为青少年的健康成长带来负面的影响。青少年群体在面对这些网络负面信息的过程中，由于自身缺乏对于信息的甄别能力，往往被一些以价值观误导、违背道德文明、倡导消极思想为主的负面网络信息所蒙蔽。由于这些负面网络信息具有隐蔽性强、影

---

① 李学超．互联网＋对青少年的负面影响及其教育对策[J]．中国新通信，2021，23（11）：239-240．

响范围广、难以彻底根除的特点，对于我国青少年的健康成长造成了十分消极的影响。

在面对负面网络信息的过程中，教师及家长需要在帮助青少年提升信息甄别能力的基础上，共同担负起抵制网络负面信息的责任，从而为我国青少年建立一个健康、纯净的网络空间。

第二章 作为第四空间的青少年网络文化样态与特点

第一节 青少年流行文化

一、青少年网络流行文化的特点研究

（一）传播范围广

国内学者张佰明、李志宏、蔡越越在专著《网络传播实务》中指出："无论在传播的广度上还是深度上，互联网都代表了人类在传播技术领域发展的最高成就。自从互联网诞生以来，网络技术不断延伸着人类传播所能达到的领域，并将人类的生活全面推向这一虚拟而又现实的巨大网络之中。互联网已经成为信息时代的主导力量，全面介入并深刻影响着人类生活的方方面面。网络技术引发的全球信息化浪潮冲击着传统社会生活的每一个角落，网络化、数字化、智能化已成为时代的主旋律。它所带来的不仅是技术上的革命，更是思维方式上的变革。随着网络技术的发展，网络传播的格局也得到了极大的拓展，网络技术已经成为驱动互联网创新的革命性力量，技术逻辑将成为未来网络传播变革的主导因素。对于网络传播技术的了解是研究网络传播的基础，对互联网技术逻辑的掌握程度，决定了我们对网络传播现状和未来发展方向判断的准确程度。"[1]

---

① 张佰明，李志宏，蔡越越．网络传播实务 [M].北京：中国传媒大学出版社，2010：7.

随着网络媒体平台的不断发展，青少年网络流行文化的传播范围愈发广泛。由于我国各大网络媒体的自身传播优势，加之我国各大网络媒体平台的跨媒体合作，促使青少年网络媒体文化不断拓展其内在的传播空间与外在的传播范围，形成了以各大网络媒体平台带动青少年网络流行文化传播的新趋势。

（二）受众群体多

在青少年网络流行文化"传播范围广"特点的带动下，相应的青少年网络流行文化受众群体的基数也不断增加，形成了青少年网络流行文化"受众群体多"的特点。青少年网络文化受众群体也根据相应的受众群体类型具有相应的受众群体类别特点，如互联网流行音乐文化下的互联网音乐受众群体、互联网游戏文化下的互联网游戏受众群体，等等。我国的青少年人群在浏览网络流行文化信息的过程中，也进行对于网络流行文化信息的转发与原创，使得我国青少年网民既是网络流行文化的受众群体，同时也是网络流行文化的传播者与发布者。此外，由于青少年网络流行文化受众群体多的特点，吸引了很多对于相关流行文化并不了解的青少年，在"从众意识"的驱使下去追捧相应的网络流行文化，从而更加凸显了青少年群体追逐网络流行文化的盲目性。

（三）内容更新快

在网络流行文化的发展过程中，流行热潮的更迭速度往往是人们不可想象的，体现出了网络流行文化"内容更新快"的特点．在网络流行文化的信息传播过程中，今天的网络流行信息热点，到了明天很可能就已经过时，"内容更新快"的特点充分地展现了网络受众群体的信息接收观念的迅速转变。由于网络流行文化的内涵普遍较为空虚，很难有一种网络流行文化能够受到网络受众群体的持续关注，从而在"走流量"的过程中，迅速开展信息传播，也有效促进了网络流行文化信息热度及信息关注点的快速更迭。

在这样的网络流行文化"内容更新快"特点的背景下，网络流行价值观不断变化，网络流行文化的热点同样也不断变更，形成了一种"快餐式"的网络流行文化传播模式。

二、青少年网络流行文化的影响

随着网络流行文化的广泛传播，会对于青少年群体产生价值观的影响。具体来说，在当前网络信息变迁时代背景下，青少年的价值观养成往往会受到各种文化现象的影响，而网络流行文化因其传播广泛、受众群体庞大的特点，对于我国青少年的价值观影响不容小觑。

"青少年是国家的未来，是民族的希望，是未来国家建设的接班人，担负着神圣的使命。青少年有怎样的价值观念，就会有怎样的行动，决定其成为什么样的人。青少年的价值取向决定了未来整个社会的价值取向，而青少年又处在价值观形成和确立的关键时期，选择和确立正确的价值观极其重要。青少年自然要学习社会主义核心价值观，学习、领会和践行社会主义核心价值观也是公民教育的重要内容。因此，青少年要从现在做起，从自己做起，从小事做起，勤学、修德、明辨、笃实，使社会主义核心价值观成为自己的基本信念，扣好人生的第一粒扣子，并身体力行将其推广到全社会去，努力在实现中国梦的伟大实践中创造自己的精彩人生。"① 由此可见，在网络流行文化的传播过程中，网络流行文化必须符合"社会主义核心价值观"的导向，为青少年群体构建积极、健康、进步的价值观，从而有效提升网络流行文化对于青少年价值观的正面影响，杜绝网络流行文化对于青少年价值观的误导，从而有效实现"趋利避害"的网络流行文化传播价值。

网络流行文化具有传播范围广、受众群体多、内容更新快的特点，对于青少年的生活、学习乃至工作，都产生了深刻的影响。在网络流行文化普遍传播的背景下，我国的青少年群体作为网络流行文化的最主要受众人群，既参与了网络流行文化的传播，同时也改变了网络流行文化传播的发展方向，促使各种网络流行文化朝着适应当今青少年群体的审美需求方向发展。

有人认为，网络流行文化等同于低俗文化。然而，在网络信息变迁时代的背景下，我们需要更为客观地理解网络流行文化。虽然部分网络流行文化中存在着低俗、拜金、消极等内容，但是网络流行文化的整体依然朝着健康的发展方向。所谓"流行文化"，其本质就是与"高雅文化"相对的，其目的也是为了满足大众人群对于网络流行文化的审美需求。在网络流行文化迅速发展的过程中，我们应对于网络流行文化多一份包容，少一份质疑。相信在未来的网络流行文化的发展过程中，网络流行文化的传播能够为我国的青少年群体带来更多的促进价值。

---

① 孙霄兵.扣好人生第一粒扣子：社会主义核心价值观青少年公民读本 [M].北京：新华出版社，2015：23.

三、青少年网络流行文化的内容

（一）网络小说

网络小说吸引了大量的青少年读者，使得在网络信息变迁时代背景下，撰写文学作品的门槛被有效降低，几乎人人都能够成为"网络小说作家"，也促使大量的网络小说网站及网络小说作者应运而生。

网络小说的受众，往往集中于青少年人群之中。青少年群体对于网络小说的阅览，从传统的计算机浏览器阅览逐渐转向了手机 APP 阅览。在网络小说信息化发展的过程中，以"数字听书软件"为主的新兴网络技术，打破了传统的网络小说阅览模式，将网络小说利用"数字听书"的方式展现在读者面前，从而在吸引了大量的青少年群体关注的基础上，有效地创新了网络小说的传播形式，拓宽了网络小说的传播渠道。

（二）网络新闻

青少年的心理健康发展离不开社会大环境的影响，而对于新闻信息的浏览则是青少年了解国计民生、国家大事的主要途径。青少年群体更加习惯通过网络新闻的浏览来了解外部环境的变化，因此，网络新闻对于青少年的心理健康发展具有重要的影响。

网络新闻是传统新闻传播模式的信息化拓展结果。在网络新闻文化健康发展的背景下，除了各大报纸、广播、电视台等媒体开辟了官方媒体账号外，很多相关的企事业单位也利用网络新闻的传播途径，开设了本单位的官方账号。除此之外，还有很多"自媒体"从业者也利用网络新闻账号注册的途径，发布相应的网络新闻，促使网络新闻的发布媒介更加丰富，同时，也有效地拓展了网络新闻发布的广泛性。

网络新闻与传统新闻相比，更加注重对于新闻标题的设计，往往通过新颖且具有吸引力的新闻标题，引发读者的关注，同时，由此也引发了标题与内容不符、标题过度夸张的问题。

在《中华人民共和国网络安全法》与《新闻出版广播影视人员职业道德自律公约》的双重作用下，我国的网络新闻一直沿着合理、合法的方向发展。近年来，国家网络监管部门不断加强对于网络新闻的监管力度，有效地打击了一批从事虚假宣传、观念误导的非法网络新闻媒体，使当前的网络新闻领域更加地体现出真实性与正面导向的特点。

（三）网络音乐

网络音乐是青少年群体网络娱乐过程中的一个不可或缺的组成部分。与传统音乐文化不同的是，在网络音乐文化的发展过程中，人人都可以作为音乐的演唱者，在"自媒体"平台发布自己的音乐作品，促使网络音乐文化实现了更具群众艺术价值的普及化发展。而在网络音乐文化的发展过程中，一些网络艺人通过"网红歌曲"一夜之间成为"网红歌星"。但是，这种"网红歌星"往往只是昙花一现，很难持久。

很多青少年在通过"新媒体"平台欣赏网络音乐的基础上，还注册了相关的"新媒体"平台账号，积极地录制翻唱歌曲的视频，并利用视频剪辑软件配以字幕及修饰，使这些青少年能够通过"自媒体平台"，利用网络传播的方式展现自我，从而在获得更多公众关注的基础上，实现基于网络"新媒体"的自我价值的展现。

总体上来讲，网络音乐在促进当代流行音乐发展的同时，给了更多普通民众展现自我音乐才华的机会，促使青少年群体在充分欣赏网络音乐的基础上，更有可能地成为网络音乐的发布者或者是传播者。

（四）网络美术

随着网络艺术文化的快速发展，网络美术文化获得了广阔的发展空间。网络美术基于传统美术的创作，对于创作者的作品进行网络共享展示，使更多的网络受众群体能够对创作者的美术作品加以欣赏、评论甚至转发。在网络美术文化发展的过程中，中国画、油画、水彩画等多种形式的艺术作品成为网络美术作品传播的主流；而网络美术作品的创作者则更多地利用"自媒体"平台，向公众推广自身的美术创作作品。

我国青少年群体在浏览网络美术作品的过程中，不仅能够获得相应的审美体验，并且还能够根据自身对于网络美术作品的看法，在"新媒体"平台上进行相应的评论，并与意见相似的网友展开讨论与交流。在针对具体的网络美术作品的鉴赏与评论过程中，青少年网友能够充分基于自身对于相应的网络美术作品理解，提出具有建设性的意见，从而促使网络美术作品的创作者在充分吸取网友意见的基础上，不断提升自身的创作水平。

（四）网络电视

电视媒体作为传统的主流媒体，在网络信息变迁时代下普遍向"融媒体"发展，从而吸引了更多青少年人群利用网络途径去关注电视媒体。电视媒体的舆论导向，对于青少年群体的心理健康发展具有重要的引导作用。通过引导青少年合理地关注网络电视信息，能够拓展青少年的知识与见闻，使青少年得到社会经验与生活经验的协同发展。

我国青少年在使用网络电视功能的过程中，会受到相应的网络电视文化带来的潜移默化的影响，从而在不知不觉的娱乐过程中，形成相应的价值观发展。因此，对于我国的网络电视文化发展，需要有关部门提起高度重视，对于网络电视的内容加以认真审核，避免低俗的网络电视内容侵害青少年群体的身心健康。

（五）网络直播文化

"网络直播"大体分为两类，一类是在网上提供电视信号的观看，例如，各类体育比赛和文艺活动的直播。这类直播的原理是将电视（模拟）信号通过采集，转换为数字信号，实时上传到网络供人观看，相当于"网络电视"；另一类是人们所了解的"网络直播"。在相应的"现场网络直播"过程中，直播的内容主要集中于才艺展示、游戏直播、直播带货、观众互动等，而随着"现场网络直播"制度的完善，相关的网络主播也需要"持证上岗"，并且必须遵守《网络直播营销管理办法（试行）》的规章制度。在"现场网络直播"的发展初期，很多以传播低俗、色情内容为主的网络主播获得了不当的利益。经过近五年来的集中整治，当前的网络直播媒体平台已经彻底地杜绝了以低俗、色情内容为主的"现场网络直播"现象。"现场网络直播"的过程，常常会出现有人为主播"刷礼物"的现象，这也成为网络直播平台和网络主播的主要盈利方式。在青少年群体接触网络直播文化的过程中，需要对于直播的内容进行客观的审视，不免由于一时冲动出现"为主播刷礼物"的现象。同时，青少年群体在观看网络直播的过程中，要对直播的内容进行合理甄别，避免浏览一些庸俗、空虚、无意义的直播内容。

（六）网络电影

随着网络文娱文化的不断发展，网络电影应运而生。在网络电影制作与传播的过程中，利用相较于传统电影更低的拍摄成本，有效地压缩了网络电影的制作成本，通过短期内的快速拍摄，完成网络电影的"网络放映"。

优秀的网络电影对于青少年三观以及道德素养的发展能够起到促进作用，青少年群体的情绪、情感、意志、态度也常常会受到网络电影的影响。一些青少年往往会效仿网络电影人物的行为或动作，因此，网络电影文化的发展需要进一步防范可能对于青少年群体产生误导的内容，为青少年群体构建起清朗的网络电影环境。

青少年群体作为网络电影文化的主要受众人群，在青少年群体观看网络电影的过程中，还能够根据自身的观赏体验，在相应的网络电影传播平台上为相应的网络电影进行打分，并且还能够进一步地基于网络电影传播平台进行相应的评论。网络电影文化的出现，有效地丰富了青少年群体的文化娱乐生活，使青少年群体在获得优质观影体验的基础上，进一步增长了社会见闻，有利于青少年的健康成长。

（七）网络游戏

随着网络游戏毒害青少年理论的提出，促使越来越多的学者和家长关注网络游戏问题，并且积极寻求解决青少年沉迷于网络游戏的方法。

在面对网络游戏成瘾问题的过程中，很多专家、学者及家长都进行了深刻的反思，到底是游戏毒害了孩子，还是孩子通过游戏见证了更为丰富多彩的世界。随着时间的推移，游戏毒害青少年理论已经渐渐地被淡化，中国的网络游戏也从以计算机客户端为主的网络游戏形式，发展为计算机客户端与手机APP、平板电脑互联互通的网络游戏形式。随着国家对于网络游戏监管的日益严格，在我国上市的全部网络游戏都需要进行"防沉迷认证"。这一方法有效地杜绝了青少年沉迷网络游戏问题的发生。而更多的手机游戏APP厂商，为未成年人量身定制了相应的休闲益智类游戏，促使未成年人通过休闲益智类游戏的娱乐，有效地缓解压力，提升智力发展水平。

随着游戏毒害青少年理论的渐渐消退，我国明确将竞技类游戏项目纳入体育运动的范围之中，使这些竞技类游戏项目正式成为"电子竞技"体育项目。随之而来的是，我国很多高等职业院校与本科院校，开设了相关的"电子竞技"专业，而我国的"电子竞技"产业，也已经成为世界第一的相关类别产业。

在此我们建议青少年群体，即使在网络游戏向电子竞技转变的背景下，也应当进行适度的游戏，不能沉迷于游戏之中不可自拔。在青少年参与游戏的过程中，应尽量避免或减少游戏中的消费，将网络游戏或电子竞技看作自身生活的一种调剂品，不能使自身的主要精力集中于网络游戏或电子竞技之中，从而影响到自身正常的生活、学习乃至工作与发展。

面对未成年人过度进行网络游戏的问题，我国相关的网络监管部门，出台了相应的《网络游戏防沉迷系统实名认证方案》（简称：防沉迷认证）。通过网络游戏实名登记，有效地区分成年游戏用户与未成年游戏用户，并且限制未成年游戏用户的游戏时长，从而达到避免非成年人沉迷网络游戏，以及保护未成年人的作用。

2007年上线的"网络游戏防沉迷系统"，规定未成年人累计3小时以内的游戏时间为"健康"游戏时间，超过3小时后的2小时游戏时间为"疲劳"时间。在此时间段，玩家获得的游戏收益将减半。如累计游戏时间超过5小时即为"不健康"游戏时间，玩家的收益就降为0，以此迫使未成年人下线休息、学习。

而在2021年，国家新闻出版署下发《关于进一步严格管理切实防止未成年人沉迷网络游戏的通知》，通知内容表示："所有网络游戏企业可在周五、周六、周日和法定节假日每日20时至21时向未成年人提供1小时服务，其他时间均不得以任何形式向未成年人提供网络游戏服务。不得以任何形式向未实名注册和登录的用户提供游戏服务。"

通过这样的青少年游戏"防沉迷认证"政策的出台与升级，从根本上杜绝了未成年人沉迷网络游戏的隐患，促使我国的未成年人能够更为专心地开展生活和学习，促使我国的未成年人在相关规定的游戏时间内，进行"有限度"的游戏，从而有效达到了防止未成年人沉迷网络游戏的目的。

（八）自媒体

对于自媒体的定义而言，《网络新词语选编》指出："自媒体是指普通大众通过网络等途径向外发布他们本身的事实和新闻的传播方式。'自媒体'，英文为'We Media'，是普通大众经由数字科技与全球知识体系相连之后，一种提供与分享他们本身的事实和新闻的途径。是私人化、平民化、普泛化、自主化的传播者，以现代化、电子化的手段，向不特定的大多数或者特定的单个人传递规范性及非规范性信息的新媒体的总称。"[1] 由此可见，自媒体是普通大众基于互联网传播途径，进行信息发布的一种新媒体传播媒介。

在新媒体平台下，人人都可以成为自媒体信息的发布者，并且有效利用自媒体信息的发布，获得相应的"流量价值"，以此实现自媒体经济的循环性运转。自媒体文化的发展，给了每一个人通过自媒体平台表达自身观点的话语权，是一种媒体传播形式"革命性"的进步。自媒体文化在当今网络信息变迁时代的发展过程中，其影响力不断扩大，自媒体作者数量不断提升。时至今日，自媒体已经成为互联网范围内发展最为迅速的媒体资源。

---

① 总政治部宣传部.网络新词语选编 2013[M].北京：解放军出版社，2014：27.

对于青少年群体而言，很多青少年群体都是自媒体文化的传播受众。在开展青少年心理健康教育之时，教师和家长一方面要避免青少年关注具有负面信息嫌疑的自媒体账号，另一方面，要引导青少年群体关注传播积极、健康理念的自媒体账号，从而在"堵不如疏"的过程中，有效提升青少年心理健康教育的效用。

很多自媒体的从业者，将自身自媒体文化传播内容的受众群体定位为青少年群体。

具体而言，在自媒体信息发布者面向青少年受众人群整理和制作新媒体信息的过程中，能够有效地将当前我国乃至全世界的时事热点信息，整理成为自媒体文章或者短视频，并加以自媒体作者的主观评论或评价，继而通过新媒体平台发布这些面向青少年人群的国内外时事热点信息。由于专业自媒体从业者对于青少年群体受众人群的准确定位，使相应的自媒体信息能够符合大多数青少年受众群体的审美特点，从而在吸引大量青少年群体关注相应的自媒体账号的基础上，更好地拓展青少年群体的信息获取渠道。

在当代网络信息变迁时代的背景下，我国的青少年群体通过对于自媒体信息的关注、评论、点赞与转发，已经成为自媒体信息的重要传播者。在我国青少年群体通过关注、评论、点赞与转发的途径促进自媒体信息传播的基础上，我国的青少年群体还能够根据自身对于相关自媒体信息阅览的体会，在现实生活中与亲朋好友进行相应的讨论，从而有效地将自媒体信息转变为日常人际交往中的话题，以此实现对于自媒体信息的现实化传播。

青少年群体对于相应自媒体信息的关注、评论、点赞与转发，并不是进行"无脑"传播，而是需要建立在自身认同的基础上，才能进行后续的关注、评论、点赞与转发。也就是说，青少年群体传播的自媒体信息，都是经过他们的主观评价后，才进行相应的传播的，由此也确保了青少年群体传播自媒体信息的整体质量。

在青少年群体成为自媒体信息的接收者、传播者的同时，已经有部分青少年成为自媒体信息的创作者。

在部分青少年成为自媒体信息的创作者背景下，他们更加理解青少年群体的信息接收特点，而其自媒体信息的主要受众人群，也集中在青少年群体当中。我们相信在未来的发展过程中，这些选择了自媒体信息创作工作的青少年人群，能够"不忘初心"，积极地利用自身的努力，有效提升自身自媒体账号的"媒体流量"。

通过自媒体文化对于我国青少年群体的正面导向，能够充分发挥自媒体文化的社会教育价值，促使我国的青少年群体在有效接触正面自媒体文化的基础上，形成积极的思想观念，有效摒弃落后文化，充分实现弘扬"社会主义核心价值观"的目的。因此，我国的青少年群体在接触自媒体文化的过程中，要加强自身的信息辨别能力，有效关注具有积极发展及建设价值的自媒体账号。通过对自媒体信息的浏览，切实促进自身正确价值观的养成，从而在网络信息变迁时代的背景下，不忘初心，不丧失自我，成为一名具有良好信息辨别能力的自媒体信息受众。

第三章　网络信息变迁时代青少年心理发展状况

第一节　自我认识与自我统一

一、青少年群体的自我认识

（一）不忘初心，方得始终

自我认识是自我意识的认知成分。它是自我意识的首要成分，也是自我调节控制的心理基础，它又包括自我感觉、自我概念、自我观察、自我分析和自我评价。自我分析是在自我观察的基础上对自身状况的反思。自我评价是对自己能力、品德、行为等方面的评估，最能代表一个人自我认识的水平。青少年群体自我认识构成见图3-1。

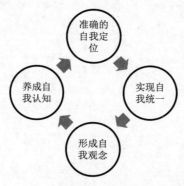

图 3-1　青少年群体自我认识构成

简单地说，自我认识就是柏拉图的经典问题："我是谁？我从哪里来？要到哪里去？"在当今网络信息变迁时代背景下，作为青少年的你，是否还记得儿时的梦想，是否还记得自己的初心？正所谓"不忘初心，方得始终"。在当今青少年的自我认识发展过程中，应当牢记自己的初心，不被网络上的各种假想所迷惑，坚持独立的自我意识，从而才能够促使当代的青少年群体实现积极、健康、全面的发展。"青年正确的自我认识要有个人发展融入社会发展的自觉，不断培养自己的才能完善自我，不断塑造自己的潜力开创未来，在改造环境的过程中体现个性的主体性。"[①]

当青少年回忆自己初心的过程中，需要有效地找准自身的定位，充分地开展自我评价，并通过自我评价的过程，更为客观地了解自我，从而形成"自我认识"。在青少年进行自我评价的过程中，不应狂妄自大，也不应妄自菲薄，要积极客观地总结自身的发展现状，才能够更为准确地评价自己，有效回答"我是谁？我从哪里来？要到哪里去？"的经典问题。

（二）明确自身的发展价值与发展目标

当代的中国青少年，是未来的社会主义建设者和接班人。在当代青少年群体完善自我认识的过程中，首先需要明确自身的发展价值以及自身的发展目标，并将自身的发展价值以及自身的发展目标有效升级成为自身的理想信念，从而通过毕生对于理想信念的追求，有效地实现自我价值。

值得关注的是，当代青少年在进行自身的发展价值，以及自身的发展目标定位的过程中，应当以"社会主义核心价值观"为基础导向，充分吸收中华优秀传统文化精髓，发挥出自我发展价值，建立起正确的自我发展目标。在青少年群体明确自我发展价值与自我发展目标的过程中，既要体现出自尊、自爱、自强的理念；也应牢记自己是社会中的一员，有效通过自身发展价值与发展目标的实现，将自身的理想汇聚到"实现中华民族伟大复兴的中国梦"之中，从而在树立"中华民族共同体"理念的基础上，科学地对于自我未来的发展进行规划，力求用自己一生的精力去服务于中国人民，为实现"中华民族伟大复兴的中国梦"做出杰出贡献。

总体而言，当代中国青少年群体，需要在明确自身的发展价值与发展目标的基础上，充分地将自身的发展与理想与"中国梦"相统一，从而在有效提升

---

① 徐懿然，胡大平.青年自我认识塑造：基于共同感觉结构的思想政治教育理路 [J].江苏高教，2020（09）：88-91.

自我认识能力的基础上，树立起积极的理想信念，并用一生去实践，实现自身的理想信念，做到"无愧于祖国、无愧于人民"。

（三）建立健全青少年群体的自我认识观念

青少年群体的自我认识观念，是在不断地成长与发展过程中逐渐形成的。为了引导青少年更为准确地认识自我，教师及家长在青少年心理健康教育过程中，应当充分结合青少年所处的学校环境与家庭环境，对青少年有意识地树立自我认识观念，促使青少年能够基于现实环境准确地把握自我。

"笛卡尔在《第一哲学沉思集》中有一段很著名的关于'我'的描述：'最后必须做出这样的结论，而且必须把它当成确定无疑的，即有我、我存在这个命题，每次当我说出它来，或者在我心里想到它的时候，这个命题必然是真的。'他有一句我们今天耳熟能详的表述——'我思故我在'，将人类对自我的认识与人类的意识联系在一起，认为人类的意识活动是自我存在的根源。"[①]

基于以上的理论，为了更好地促进我国青少年群体健康成长，帮助青少年群体建立健全自我认识观念至关重要，尤其需要引导青少年群体有效地将对于自我的认识与客观的现实相统一。在当今的网络信息变迁时代背景下，青少年群体接受多种思潮的影响，很容易在网络环境下迷失自我。而通过有效的青少年心理健康教育，帮助青少年建立健全自我认知观念，就显得尤为重要了。在建立健全青少年群体的自我认识观念过程中，青少年心理教育工作者应当在充分了解每一个青少年家庭背景、成长环境、性格特点、成长经历等真实情况的基础上，针对不同青少年的不同特点，为每个青少年提供更加具有针对性的心理健康教育，促使发展背景不同的青少年群体都能够获得恰如其分的心理健康教育指导，并且在有针对性的心理健康教育指导的基础上，逐渐建立健全青少年群体的自我认识观念。

二、青少年群体的自我统一

（一）不要在互联网环境中迷失自我

对于自我统一的观念而言，其在我国的发展历史久远。明代著名思想家、哲学家、教育家王守仁大力倡导"知行合一"的自我统一观点，认为"知行合一"需要经历"困知勉行""学知利行""生知安行"三个阶段，从而实现相应的"知行合一"。"知行合一"的观点与自我统一的内涵是一致的，都是要求一

---

① 王雨函著.认识自我[M].北京：生活·读书·新知三联书店，2019：5.

个人的思想和行动相统一、良知和行为相统一。只有一个人具备了"知行合一"或者"自我统一"的基础，才能够获得良好的发展前景。王守仁的教学言论集《传习录》中，还收录了这样一段教学言论："在孟子言：'必有事焉'。故君子之学，终身只是'集义'一事。'义'者，宜也，心得其宜谓之义。能致良知则心得其宜也，故集义亦只是致良知。"①王守仁的这段教学言论，充分地体现出心理对于人的影响，并提出利用"致良知"的途径，达到"心得其宜谓之义"的效果。

在当今网络信息变迁时代的背景下，我国青少年群体首先不要在互联网环境中迷失自我，只有坚守自我的良知，才能建立青少年群体自我统一的基础。当代社会下的网络环境，虽然得到了网络监管部门的持续净化与监督完善，但是仍旧存在着各种落后思潮与腐朽观念。青少年运用互联网的过程中，要做到对于自我的准确把握。只有这样，才能够在变化万千的互联网环境中不迷失自我。

（二）做到自身思想与行动相统一

在王守仁"知行合一"理念的引导下，当代青少年群体应当在"自我统一"的过程中，首先做到自身思想与行动相统一。在当代青少年群体"自身思想与行动相统一"的实践过程中，要基于自身正确的思想导向，引导自身开展正确的行动，不做违背自身思想的违心之事，要在坚持自身思想正确的基础上，有效促进自身的行动开展，并通过自身的行动过程，有效促进自身正确思想的发展，为自身的正确思想带来更高标准的发展。

而随着网络信息变迁时代的到来，网络上各种思潮层出不穷，泛滥叠加。因此，中国当代青少年群体不要受到不良网络思潮的误导，而要通过"自我统一"的过程，不断坚定自身的理想信念，并且在实现自身理想信念的过程中，时刻实现自身思想与行动的统一，用自己远大的理想信念导向，指引自己的现实行动，从而在一步步的行动过程中，促使自己与自己的理想信念渐行渐近，最终逐步地实现自己的远大理想信念。

对于很多思想与行动不统一的现象，中国当代青少年应加以批判及抵制，有效杜绝"表面一套，背后一套"的问题在自己身上发生。利用自身思想与行动的高度统一性，积极实现"自我统一"，在失意的时候不丧失理想信念，在得意的时候不忘本性。只有这样才能够促使我国的青少年群体有效地实现思想

---

① 王守仁.传习录[M].北京：中国画报出版社，2012：192.

与行动相统一，从而利用自身的切实行动，有效地完善自身的思想体系；利用自身的思想体系科学地指导下一步的行动，从而形成思想与行动相统一下的良性循环。

（三）实现自身学习与发展相统一

在我国当代青少年群体的生活中，学习是大多数青少年的"主业"，而学习的根本目的不是为了考出更好的成绩，而是为了有效地运用知识解决实际问题，从而促进青少年群体的"德、智、体、美、劳"全面发展。在青少年群体"自我统一"的过程中，需要注重实现"自身学习与发展相统一"，利用在校习得的知识，有效促进自身的发展，更好地帮助青少年群体实现自己的远大理想。

在实现"自身学习与发展相统一"的过程中，中国当代青少年人群需要有效地通过学习获得关键知识，切实地解决生活中的实际问题。要实现中国当代青少年人群学习阶段的不断发展，就需要我国的青少年群体格外注重在大学阶段专业知识的运用。既然选择了自身热爱的专业，就要有效提升自身的专业素养，并且充分利用已习得的专业知识，在青少年群体当前的学习、生活乃至日后的工作发展过程中，有效解决实际问题，从而实现"自身学习与发展相统一"的目标，从而更好地突出了中国当代青少年群体的"自我统一"作用。此外，青少年的学习，不仅是课堂知识的学习，更多地体现在青少年群体的道德素养与思想观念发展。青少年群体应时刻以"社会主义核心价值观"为导向，指导自身当前的生活、学习，以及今后的工作、发展，有效地体现出青少年群体思想与发展的"自我统一"价值。

三、青少年群体自我观念的形成

（一）明确当代青少年群体的重要使命

青少年群体是社会主义的建设者和接班人。在青少年群体自我观念形成的过程中，首先要明确自身所肩负的重要使命。我国预计在 2035 年基本实现社会主义现代化，在 2050 年建成社会主义现代化强国，而当今的青少年群体，就是我国建设社会主义现代化强国的中坚力量。为了实现"中国梦"，为了实现"中华民族的伟大复兴"，中国当代青少年应以勇于担当、勇挑重担、甘于奉献、吃苦耐劳的精神鼓舞自己，在为自身树立远大的理想信念的基础上，努力提升自身的使命担当意识，促进自身的使命担当意识与自我观念协同发展，将自身的人生发展与"实现中华民族伟大复兴的中国梦"有效融合，在促进自身实现理想的同时，将我们每一个中国青少年的理想汇聚起来，从而实现"中国梦"。

随着我国青少年教育事业的不断发展，相应的心理健康教育也在不断完善。自我观念的形成，与自身的理想信念具有密不可分的内在联系。一个具有坚定理想信念的人，其自我观念一定是极其完善的；反之，一个缺乏理想信念的人，其自我观念往往是非常淡薄的。由此可见，我国当代的青少年群体，需要积极树立远大理想信念，明确自身所承担的重要使命，以自身完善的自我观念形成为基础，努力开展社会实践工作，从而在参与建设社会主义现代化强国的过程中，实现自身理想信念与使命担当意识的协同发展。

（二）形成独立自主的个性化发展

青少年群体的个性化发展，是心理健康教育的重要目标之一。一个发展良好的青少年，一定是在符合群体的共性特质的基础上，有着自身鲜明的个性，具有自主的是非辨别能力，从而在社会发展的大环境下，突出青少年认知、情感以及人格的个性化特点。

在当今网络信息变迁时代的背景下，青少年群体应基于自我观念的形成，有效实现独立自主的个性化发展。敢于在发展中进步，敢于在发展中创新，敢于发展中成功。面对当代互联网环境下的各种思潮，当代青少年群体应在加强对信息的辨别力的基础上，有效吸收进步思想，积极摒弃落后思想，促使自身的思想素养不断得到完善，进而更好地促进当代中国青少年在网络信息变迁时代的背景下，有效形成自我观念，并且在日常的生活、学习乃至工作中，有效地开辟出一条独立自主的个性化发展路径。

面对个性与共性相统一的问题，当代中国青少年群体应在对于"共性"的普遍认同基础上，有效地体现出自身的"个性"特点，从而才能够在群体发展中脱颖而出，走出一条独立自主的个性化发展路径。中国当代青少年的独立、自主、个性化发展，也为整个国家和民族带来了创新性的发展希望，促使青少年群体在不断突破自我、自我创新的过程中，有效地实现自身发展与社会进步的协同统一，促进当代中国青少年群体在形成完备自我观念的基础上，能够更好地突出个人发展的个性化，从而有效带动我国青少年整体社会发展质量的积极提升。

（三）准确进行自我发展价值定位

青少年在心理成长与发展的过程中，需要结合自身的现实情况与生活、学习环境，进行准确的自我发展价值定位。通过自我发展价值定位的过程，促使青少年能够根据自身的实际情况，更为准确地把握自我，促进青少年的自我认知能力与情感态度的协调发展。

在青少年自我观念形成的过程中，青少年群体应准确进行自我发展价值定位，根据社会的发展需要，明确自身在日后的生活、学习乃至工作当中，如何实现自我发展价值，以及如何利用自我价值的实现，促进自身社会发展质量的提升。这样的一个思考命题，应当充分引起我国青少年群体的关注。在网络信息变迁时代背景下，一个人的发展价值的实现，究竟是取决于社会的发展潮流，还是取决于一个人自身的发展成就，抑或是多种因素共同影响下的结果？

总体而言，当今我国青少年群体的发展价值的实现，主要还是需要通过个人的努力才能达到相应的发展价值目标，而社会整体的影响，也会对于青少年群体的发展价值产生关键性的作用。因此，当代中国青少年群体，应当在社会整体的发展大环境下，有效明确自身的发展价值定位，并在充分形成自我观念的基础上，准确地谋划自我发展的路径，并通过自身的不断努力，有效实现自身的发展价值，促使自身能够对整个社会的发展，做出积极贡献，从而协调好自身发展与社会发展之间的内在关系，在社会整体发展的大环境下，适应社会发展的潮流，实现自身发展的成功以及自身发展价值的突破。

第二节　亲子关系与人际交往

一、中国传统家庭观念中的亲子关系

（一）原生家庭对于青少年的影响

家庭环境对于青少年心理的成长，具有不可替代的关键作用。家庭是青少年群体的成长环境，而父母等家庭成员在家庭生活中的一举一动，都能够对青少年气质、能力与性格的发展产生深远的影响。而家庭教育更是青少年心理健康成长过程中不可或缺的教育环节，对于青少年的道德素养以及健全人格的养成发挥着关键性的作用。

在心理学领域，对于家庭概念的界定分为"原生家庭"与"新生家庭"两大门类，"原生家庭"特指儿女在结婚之前与父母共同组成的家庭，而"新生家庭"特指儿女在结婚以后组建的新家庭。

就原生家庭对于青少年的影响而言，专著《原生家庭》中指出："我们在原生家庭的习得，养成的语言、行为、情绪、情感、思维等习惯性模式在我们的工作、生活与人际交往中会不由自主地表现出来，影响到人际交往、新生家庭的方方面面。原生家庭中的原生事件不知不觉地影响着我们。"[1]

总体而言，在我国传统家庭观念的影响下，青少年在原生家庭中形成的生活方式、生活习惯、亲子关系、人际交往特点，将对青少年群体产生重要的持续性影响。青少年群体在原生家庭中形成的思想观念与家庭观念，将伴随着他们的终身发展，即使青少年群体在建立"新生家庭"之后，他们在原生家庭中形成的性格特点与生活习惯，也将持续发挥对于青少年群体的影响作用。

（二）父母对于子女的教育责任

在中国传统文化中，父母对于子女具有重要的"教养责任"，所谓"养不教，父之过"，就表明了我国传统家庭观念中，父母对于子女教育的重要责任。但是，在传统文化与当今的家庭教育观念中，父母对于子女教育的目的，主要是培养子女"成材"，而不是培养子女"成人"。传统的观念是希望通过父母以及学校的教育，将子女培养成为一名成功的人，而对于子女健全人格以及价值观的培养则"退而求其次"。

这样的教育理念，导致我国传统家庭对于子女教育的偏差，在学校教育的基础上，通过为子女申报大量"补习班"，希望子女能够有效提升学习成绩，从而在日后的发展过程中获得出色的成果。但是这样的传统家庭教育理念，却忽视了子女作为一个健全的人的健全人格发展需要，一味地追求子女学习成绩的提升，忽视了对于子女的道德品质与价值观教育，形成了我国原生家庭教育理念的偏差。为了解决这样的家庭教育问题，我国教育界在倡导"德、智、体、美、劳"全面发展的基础上，提出了"立德树人"的根本任务，以德育教育为主导，有效对于青少年群体开展思想道德建设，从而有效扭转了"成材"教育的教育观念，使我国的家庭教育逐渐向对于子女品格教育方向转变。

（三）子女对于父母的回报

在很多的西方国家中，子女一旦超过18岁，就会与原生家庭脱离关系，

---

[1]　陈公. 原生家庭 [M]. 合肥：安徽文艺出版社，2017：9.

自主进行社会发展。而在中国传统家庭观念根深蒂固的影响下，子女终身都对于父母的教养具有回报责任。

具体而言，在中国的传统道德观念中，认为"孝"是人道德发展的基础，子女在家对父母"孝顺"，在社会中就会对于自身职责产生"忠诚"，从而实现"忠孝两全"的发展效果。《孝经》中指出："身体发肤，受之父母，不敢毁伤，孝之始也。立身行道，扬名于后世，以显父母，孝之终也。夫孝，始于事亲，中于事君，终于立身。"这段话在现在看来，意味着"孝顺"起始于对于父母的回报，发展于自身对于社会做出贡献，成型于自我价值的实现。由此可见，在传统的东方家庭模式中，子女对于父母的"养育之恩"，具有一生的"回报责任"。所谓"养儿防老"，中国的养老模式也主要是子女对于父母的"居家养老"，以此形成了中国特有的传统家庭结构。同时，在中国传统的"孝道"观念中，"忠孝两全"的观念具有重要的现实意义。这里的"忠"在现代看来可以理解为对于国家的"忠诚"，人们常认为一个具有"孝道"的人，在工作岗位上就一定能够"忠于职守"。这样的理念在西方的心理学中也得到了印证，也体现出了我国传统"孝道"文化对于国家发展的影响。

二、网络信息变迁时代亲子关系分析

（一）网络媒介为父母与子女提供了新颖的沟通渠道

青少年的心理健康成长，离不开与父母的亲密沟通。通过子女与父母的有效沟通，能够帮助父母准确地把握子女的心理发展动态。在子女遇到相应心理问题之时，父母可以"对症下药"，进行心理辅导，帮助子女解决心理问题；同时，在青少年获得成功之时，也能够利用亲子沟通的途径，与父母分享那份成功的喜悦，从而在增进亲子关系的基础上，更好地促进青少年心理健康发展。

在当今的网络信息变迁时代背景下，网络媒介为父母与子女提供了新颖的沟通渠道，父母与子女通过网络交流，有效地拓宽了传统中国家庭中父母与子女的沟通途径，形成了父母与子女网络交流常态化的发展趋势。

以微信朋友圈为例，随着父母与子女网络交流的日益频繁，父母能够通过关注子女的微信朋友圈，更为详尽地了解子女的生活状态；子女也可以通过对父母微信朋友圈的关注，更为准确地了解父母的日常生活。

与此同时，伴随着网络家庭交流的日益完善，很多中国传统的大家族建立了相关的"家庭群"。其中，不仅有父母与子女，同时也有爷爷、奶奶、姥姥、姥爷、叔叔、阿姨、表弟、表妹等家族亲属，在"家庭群"网络交流的基础上，更好地促进了中国传统大家族的互联网交流。

总体而言，随着网络沟通渠道的出现，为父母及子女，乃至更为广泛的家族成员提供了互联网沟通交流的新媒介。父母及子女，乃至更为广泛的家族成员，能够通过网络沟通渠道有效共享彼此的生活讯息，从而形成传统家庭观念背景下中国家庭沟通交流的新常态。

（二）网络信息变迁使父母与子女的现实交流日益减少

随着当今的网络信息变迁时代的到来，父母与子女的网络沟通交流不断增多，必然导致父母与子女的现实沟通交流日益减少的现象出现。在当今的家庭沟通过程中，父母与子女往往很少主动地进行日常当面沟通交流，而是更加习惯利用网络媒介开展沟通与交流。在这样的背景下，也可以说父母与子女之间的现实距离不断增大。在这样的家庭环境下，亲子关系更为突出地呈现出网络化的特点，父母与子女在网络上密切，在现实生活中距离不断拉大，也成为我国当今家庭沟通交流的新特点。我们对于这种现象，难以进行"利与弊"的评价，只能说随着网络信息变迁时代的到来，导致家庭亲子关系的发展呈现出网络在线化沟通交流的新趋势。

在父母与子女现实交流日益减少的背景下，家长应当在日常的家庭生活过程中，有意识地增进与子女面对面沟通交流的机会，利用网络沟通交流与现实沟通交流并重的手段，准确把握青少年的心理成长发展动态，从而根据青少年的具体发展情况，实施更加有针对性的家庭教育对策。

然而，随着父母与子女的现实交流日益减少，并不代表父母与子女的关系逐渐疏远，而是父母与子女更多地选择利用网络沟通交流的形式交换和传递彼此的讯息，从而实现了网络信息变迁时代背景下的家庭沟通交流途径的转变。在这样的家庭沟通交流背景下，亲子关系并不会因为当面沟通交流减少而出现障碍，相反的是，亲子关系会通过网络沟通交流而逐渐密切。

（三）网络信息变迁促进新型亲子关系的形成

随着父母与子女的网络沟通交流增进，与日常当面沟通交流的减少，当代社会下，呈现出了基于网络沟通而开展的新型亲子关系互动形态。这种新型的亲子关系，与传统的亲子关系并无本质上的区别，其主要不同也集中体现在亲子沟通交流渠道的变迁上。对于这种基于网络媒介沟通交流的新型亲子关系的产生，我们难以估计其中的影响，但是可以确定的是，这种新型的亲子关系，更加符合网络信息变迁时代背景下整体人际关系"网络化"发展的特点。在基于网络媒介展开沟通交流的新型亲子关系形成的背景下，父母与子女的网络沟通，由于网络信息传播的特点，呈现出更加对等的特色。具体而言，在这种基于网络沟通交流的新型亲子关系的形成与发展过程中，父母的地位不再是高高在上，而是更多地体现出与子女平等沟通交流的特点。在这样的新型亲子沟通关系的背景下，子女也能够更为直接地通过网络沟通向父母传递自身的意图，将一些面对面沟通交流过程中不好意思向父母表达的意见，通过网络媒介真实地传递给父母。

总体而言，这种基于网络媒介而形成的新型亲子关系，体现出了网络信息变迁时代的信息化变革特点，有效地转变了传统的以面对面交流为主的亲子关系状态。作为青少年的家长，应当灵活运用网络沟通与现实沟通相结合的亲子沟通方法，及时了解青少年在成长历程中的心理变化与成长经验。通过增进亲子沟通的途径，进一步增进家庭成员间的亲情，从而为青少年构建起一个亲密、和谐的成长环境。

三、网络信息变迁时代对于人际交往的影响

（一）网络交流成为网络信息变迁时代青少年人际交往的主要途径

在网络信息变迁时代背景下，青少年人际交往的主要途径，由传统的面对面人际交往转变为网络人际交往。虽然我们很难判断在网络信息变迁时代背景下，人际交往的主要途径是进步抑或是退步，但是，网络人际交往确实占据了网络信息变迁时代背景下人际交往的主流。在当今青少年群体的网络人际交往过程中，他们习惯利用微信、QQ 等网络交流软件，在互联网空间展开与熟人抑或是陌生人的网络沟通交流。青少年群体在网络人际交往过程中，体现出了其网络人际交往的积极性，时常与网络好友相互发送信息，并且对于共同感兴趣的话题进行深入探讨。相反的是，当今青少年群体在现实人际交往过程中，除了必要的人际交往，很少进行积极主动的现实人际交流，从而更加体现出了当今青少年群体人际交往网络化的特点。

而随着网络交流成为网络信息变迁时代青少年人际交往的主要途径，越来越多的青少年更加习惯于网络人际交往的过程，而对于现实的人际交往，产生了一种社交恐惧心理。很多在网络人际交往中十分活跃的青少年群体，一旦到了现实人际交往的背景下，就被社交恐惧感所支配，从而对他们的现实人际交往造成了一定的障碍。为了全面提升青少年群体的人际交往能力，教师及家长

应当引导青少年在开展网络人际交往的同时，更加注重在现实生活中与家长、教师以及同学开展密切的人际交往。利用促进青少年现实人际交往的途径，促使他们能够更为全面地提升人际交往能力，从而为他们今后的生活、学习以及长远发展奠定良好的人际交往基础。

（二）网络交流促使青少年现实人际交往的价值逐渐淡化

在网络交流成为青少年群体主要人际交往形式的基础上，网络交流促使现实中青少年人际交往的价值逐渐淡化。青少年群体更加乐于通过网络沟通交流的方式，与现实中的朋友分享快乐；而不愿意通过现实的非必要人际交往，与朋友们展开现实领域的互动交流。在这样人际交流新特点的背景下，青少年现实人际交往的"圈子"逐渐缩小，而网络人际交往的"圈子"却逐渐扩大，促使青少年在频繁的网络人际交往过程中，形成了对于网络人际交往的倾向性，而逐渐淡化了现实中的非必要的人际交往。

在当代青少年的网络人际交往的过程中，不仅基于微信、QQ等聊天软件与现实中熟悉的朋友进行网络交流，还会通过"新媒体"平台与"网络游戏"平台，与具有共同爱好的陌生网友展开网络人际交往。这种网络人际交往的行为，主要是由于青少年群体与网络中的网友具有共同的爱好，从而能够在网络人际交往过程中产生更多的话题与共鸣。随着网络人际交往频率的提升，进一步淡化了青少年在现实中的非必要人际交往价值，并且促使当今的青少年对网络人际交往产生了更为浓厚的兴趣，以至于对网络人际交往产生了依赖性。

高效的人际交往并不等同于泛泛的人际交往，而是注重人际交往的质量。在网络交流促使青少年现实人际交往价值逐渐淡化的背景下，教师与家长一方面要促进青少年群体认识到正当的人际交往在现实生活中的必要性；另一方面，还需要基于青少年现实人际交往价值逐渐淡化的特点，引导青少年减少不必要的人际交往，从而降低青少年人际交往的频率，提升青少年人际交往的质量。

（三）网络人际交往构建起新型的人际关系

在网络人际交往成为一种"社会共性"的背景下，现实中的人际关系也随着网络人际交往的发展而变迁，形成了一种新型的人际关系——网络人际关系。在网络人际关系的背景下，即使是现实中熟识的朋友，也更多地利用网络交往而展开朋友间的互动，不必要的现实生活交流大幅度减少，而网络人际交流频率不断提升。

具体而言，在网络人际关系的背景下，青少年群体的主要网络人际交往的对象包括家人、同学、朋友以及现实中并不认识的网友。在青少年群体开展网络人际交往的过程中，除了一些必要性的人际交往，更多的则是基于相互关心或者感兴趣的话题展开人际交往的互动过程。互动性作为网络人际关系的主要特点，充分体现了青少年群体在网络人际交往过程中的相互表达与交流的需要与频度之多。通过感兴趣话题的互动，有效满足当代青少年群体的社会交往需要，而使得当今青少年群体的主要交往途径由现实的面对面交往转变为基于互联网平台的网络人际交往。在这里，我们很难评论这种人际交往途径的改变，对于社会来说是进步或者是退步，但是事实证明，当今的青少年群体在网络人际关系形成的背景下，更愿意通过网络人际交往的途径展开人际交往过程，即使面对天天见面的家人、同学或朋友，也更加倾向于利用网络媒介与他们进行沟通，充分体现了网络信息变迁时代，网络人际关系的普遍性发展。

第三节　理想价值与学业教育

一、对于当代青少年群体理想信念的树立

（一）青少年群体理想信念的"共性"统一

理想信念是青少年健康成长的航标，拥有远大理想信念的青少年能够凭借自身的坚定意志，战胜成长中的种种困难，从而实现良好的发展。在青少年的理想信念树立过程中，教师及家长应当引导青少年将自身的理想与追求积极融入社会的"共性"大环境中，使青少年在追求自身理想信念的过程中，能够更好地适应社会发展的潮流，最终实现自身的理想信念。

自从"实现中华民族伟大复兴的中国梦"的概念提出来以来，"中国梦"就成为全体中华儿女的共同的理想信念。在我国青少年群体树立理想信念的过程中，应当有效发挥"实现中华民族伟大复兴的中国梦"理想的共性价值，在与全国人民共同绘制"同心圆"的基础上，促进自身理想信念与社会大众理想信念的"共性"统一，从而才能够更好地发挥出理想信念的价值导向，为广大中国青少年群体带来由于"共性"理想信念树立，而产生的积极的理想价值引导作用。

具体而言，"实现中华民族伟大复兴的中国梦"作为全体中华儿女远大的

"共性"理想，是需要每一个中华儿女在实现自身"个性"理想信念的基础上，将全体中华儿女的"个性"理想信念汇聚到一起才能实现的。在"实现中华民族伟大复兴"的历史新征程上，青少年群体应积极树立"个性"理想信念，并将自身的"个性"理想信念有效适应"中国梦"的同心圆，从而与全国各民族人民一同，汇聚出"实现中华民族伟大复兴"的同心圆。在实现"中国梦"的"共性"理想基础上，同时实现自身的"个性"理想。

（二）青少年群体理想信念的"个性"发展

随着社会环境的变迁，青少年理想信念的"个性化"发展愈发受到重视。在青少年依据自身个性特点树立自身理想信念的过程中，青少年能够根据自身的成长发展需要，确立人生追求的目标，并且通过对自身意志力的锻炼，构建起坚定的理想信念基础，从而促使青少年在理想信念的感召下，取得更为出色的发展效果。

在我国当代青少年群体普遍认同"实现中华民族伟大复兴的中国梦"的"共性"理想信念基础上，广大中国青少年群体需要以"中国梦"的"共性"理想作为基础，有效根据自身的思想特点、理想追求、个人价值观理念等个性要素树立符合"中国梦共性理想"的自身"个性"的理想信念。并通过对自身"个性"理想信念的追求与实现，有效地将自身的"个性"理想信念与"实现中华民族伟大复兴的中国梦"的"共性"理想信念汇聚到一起，从而在千万中华儿女勇于实现自身"个性"理想信念的基础上，汇聚全民族的力量"实现中华民族伟大复兴的中国梦"，从而促使形成个人与国家共同发展的良好愿景。

在当代中国青少年群体树立"共性"理想信念的基础上，自身所树立的"个性"理想信念首先要符合"社会主义核心价值观"，其次还要符合"中华民族传统思想道德"。利用自身"正能量"的"个性"理想信念的树立，为自身今后的发展提供一个指引航程的航标，从而促使青少年群体在日后的发展过程中不再迷茫。通过自身"个性"理想信念的航标，有效找到自身长远发展的正确方向，从而在实现自身"个性"理想信念的基础上，有效地将自身的"个性"理想信念与"实现中华民族伟大复兴的中国梦"相统一，在个人成功发展的基础上，为祖国的整体发展做出积极贡献。

（三）青少年群体理想信念的实现

当代中国青少年群体在树立远大理想信念的基础上，需要积极地进行对于自身"个性"理想信念的有效实现，从而才能够为"实现中华民族伟大复兴的中国梦"做出积极的贡献。

青少年群体的理想信念实现过程，也是他们提升自身气质、发展自身能力、磨炼自身性格的过程。随着青少年的人格发展，其理想信念就会日益坚定，在遇到困难之时依靠理想信念的决心鼓舞自己，在取得成功之时利用理想信念进一步勉励自己，从而更好地促进青少年成长。

具体而言，一个人理想信念的树立，不仅是为其明确了整体的发展目标，更是为其规划出了具体的发展路径，需要人在具体的行动中一步步地去实现理想，从而才能发挥理想信念的价值作用。在当代我国的青少年群体中，基于理想信念的树立，还要勇于迈出实现自身"个性"理想信念的第一步，从而才能够在日后的生活、学习、工作乃至长远发展过程中，一步步地去落实自身的"个性"理想信念，使自身的"个性"理想信念能够成功实现，而不是一个"虚空的摆设"。青少年群体在理想信念的实现过程中，在失意时不要忘却自身的远大理想信念，在得意时更不要"得意忘形"，要时刻以追逐理想信念的"初心"，面对日常生活乃至工作发展中的起起落落。我国青少年群体在追逐自身理想信念的过程中，要抱着"持之以恒"的心态，坚定地踏出追逐理想信念的步伐，牢记自身理想信念的"初心"，方能有效地实现自身的理想信念，为"实现中华民族伟大复兴的中国梦"的"共性"理想信念的实现做出自身应尽的贡献。

二、理想价值对于青少年群体的关键性影响

（一）理想价值对于青少年群体生活的影响

在当今网络信息变迁时代的背景下，各种网络思潮在青少年群体的生活范围中层出不穷，而一个具有坚定理想信念的青少年，一定能够准确地辨别各种网络思潮，在不断坚定自身理想信念的基础上，有效地促进自身的生活发展，从而不为各种网络思潮所左右，在坚定的理想信念道路上，不断完善自身的生活方式，从而收获生活上的成功。

具体而言，理想信念价值在青少年群体的生活过程中，就如同大海航行的航标，有效地为青少年群体指明方向，促使青少年群体在生活过程中不会偏离自身理想信念的轨道，从而也就不会在生活中犯下严重错误，利用积极理想信念的导向，促使自身不断取得日常生活的发展进步。

一个具有积极理想信念的青少年，他的生活态度也一定是积极的，能够准确分辨各种生活事物对自身的正面及负面影响，从而积极地接受正面影响，有

效地远离对自身生活具有负面影响的事物。在积极理想信念的倡导下，能够为青少年群体有效建立健全的自身生活的准则，对美好的事物积极追求，对丑恶的生活现象坚决摒弃，从而以自身之端正，去面对生活中的种种挑战，克服生活中的种种困难，最终取得生活的成功。在青少年心理健康教育的过程中，教师及家长应当在与青少年深入沟通的基础上，根据青少年的具体情况，引导他们确立自身将要终身追求的远大理想信念，从而利用理想价值的引导作用，促进青少年在追逐理想的过程中取得意志力与行动力的高度统一，用实际行动实现自身的美好生活。

（二）理想价值对于青少年群体学习的影响

我国大多数的青少年尚处于学习阶段，而积极的理想价值能够对这些处于学习阶段的青少年带来更为积极的影响，从而有效地促进他们在学习过程中取得"突破式的进展"。当今我国的青少年群体，应当树立利用学习实现自身远大理想的理念，在学习的过程中不断充实自我、提升能力、取得进步，从而在自身日后走入社会之时，能够更好地利用学习获取关键知识，解决存在于现实生活中的实际问题，从而有效地发挥自身的价值。在现实生活中，拥有积极理想信念的青少年群体，在学习中也一定是刻苦认真的。他们明确地认识到学习过程对自身实现理想信念的关键性，从而加倍努力地展开学习，为自身实现理想的道路提供坚实的知识基础保障。在帮助青少年学生树立远大理想信念的基础上，教师及家长有必要帮助青少年学生认识到刻苦努力的学习过程，是实现自身理想价值的必经之路。只有这样，才能促使青少年学生认识到当前学习阶段的重要性，从而使他们能够以饱满的精神，有效提升自身的学习水平，为将来理想价值的实现奠定坚实的基础。

总体而言，积极的理想信念，能够促进青少年群体在学习的过程中更加积极、主动、认真，促使青少年群体在理想航标的指引下，有效开展校内外的各种学习、实践活动，从而利用学习的过程不断充实自身的认知与学识，以此为实现自身的理想信念奠定坚实的基础。

（三）理想价值对青少年群体发展的影响

实现青少年群体的全面发展，是我国素质教育的重要目标。当青少年群体完成学业踏入社会之时，他们会认识到"德、智、体、美、劳"全面发展对于自身发展的关键作用。而理想信念对促进青少年的全面发展具有深远的意义与影响，使在校学习的青少年群体有效获得全面发展，使初步踏入社会的青少年群体实现积极、健康的发展。

具有积极理想信念的青少年，会基于自身对理想价值的追求，不断通过学习、生活的各个环节完善自我，并且能够有意识地发展自身为实现理想价值必备的品格与关键能力。在青少年心理健康教育的过程中，通过理想信念教育的引导，能够促使青少年在身、心、社会、道德的四个发展层面上，实现自身理想价值与现实行动的统一，从而促使青少年脚踏实地地完成各种学习、生活任务，为青少年理想价值的实现做积累。

对于在校学习的青少年群体而言，理想信念价值的指引，能够促使他们更为关注身边的事物，从而能够通过各种途径，实现自身"德、智、体、美、劳"的全面发展，并利用自身的全面发展作为日后实现自身理想信念的基石，从而在踏入社会后一步步地实现自身的理想信念。

对于刚踏入社会的青少年群体而言，积极的理想信念导向，能够增进他们社会实践的信心，在就业抑或是创业的领域之中，积极地利用理想信念导向，为自身增添事业的信心与工作的干劲，从而在实际工作中不断取得进步，并且促使自身一步步地在实现自身理想的过程中发挥自身人生价值。由此可见，利用这样的积极理想价值导向，能够切实提升初步踏入社会的青少年群体的工作信心，促使他们无论是在就业抑或是创业阶段，都能够取得工作上的成功。

三、"互联网+"背景下学业与教育手段的变迁

（一）"互联网+"教育对于青少年群体学业的积极影响

"互联网为学校重组提供了新的可能，'互联网+'提供云、网、端一体化的数字化基础设施，可以使学习无处不在。'互联网+'汇聚的数据和信息资源将成为现在最核心的资产，可以精确了解学生个性化的学习需求。'互联网+'提供的实时协同通信网络、大规模的社会化协同，可以为学习者提供更好的知识和反馈。'互联网+'提供的虚实融合的生成空间及线上、线下融合的业态，可以提供双重教育服务的供给。"①

在网络信息变迁时代背景下，"互联网+"教育的形式已经在我国的大、中、小学教学过程中得到有效推广，通过"互联网+"教育的途径，有效拓展了教学内容，同时也积极创新了教学形式，令当今的青少年群体能够随时随地地开展"互联网+"学习。"互联网+"教育的过程，能够有效地拓宽教育资源的覆盖面，并且还能够赋予"互联网+"教育交互式的特点，令青少年群体在

---

① 余胜泉.互联网+教育：未来学校[M].北京：电子工业出版社，2019：3.

开展"互联网+"学习的过程中，能够有效拓宽自身知识视野，并且获得相较于相同教学内容下更为全面的发展。相信随着"互联网+"教育的不断发展，能够为我国青少年群体构建起更为良好的教育、学习环境。

对于青少年心理健康而言，"互联网+"教育有效地拓展了青少年心理健康教育的形式。将传统的心理健康教育内容利用"互联网+"教育的形式进行展现，同时根据网络信息变迁时代青少年心理健康成长的新需要，不断拓展"互联网+"心理健康教育的内涵，从而能够在多元化的心理健康教育背景下，拓展青少年心理健康教育的宽度与广度，促进青少年群体的心理健康水平持续提升。

（二）线上、线下相结合的混合教学模式对青少年群体学习的促进

随着网络信息变迁时代的到来，青少年学生的学习途径从单纯的课堂学习，拓展为线上、线下相结合的混合式学习，使青少年学生的学习渠道得到了有效拓宽。而线上、线下的混合教学模式，能够充分融合互联网线上教学的优势与传统线下课堂教学的优势，形成"一加一大于二"的教学效果，确保青少年学生学习质量的提升。

混合教学模式的主要特征，就是以线上、线下相结合的方式开展。在线上、线下相结合的混合教学模式背景下，教师应有效整合线上、线下的教育资源，促进学生通过线上、线下相结合的混合教学模式，有效提高学习素养以及学习能力，以此向"全面发展"的人才培养目标不断前进。

具体在线上、线下相结合的混合教学模式中，线上的网络自主学习是整个线上、线下相结合的混合教学模式开展的基础。教师应在为学生有效设计网络自主学习课件的基础上，积极引导学生基于网络自主学习课件开展线上网络自主学习。在学生的线上网络自主学习过程中，教师还需要通过网络交流的途径，帮助学生有效地解答学习问题，促使学生更为高效地完成线上网络自主学习任务。

在青少年进行充分的网络自主学习基础上，教师应当组织学生有序开展线下课堂教学活动，通过以自主探究学习、小组合作学习、研究性学习为主的线下课堂教学活动的开展，积极促进学生将线上网络自主学习获得的知识，内化为自身的学习素养，外化为自身的学习能力，从而更好地促使学生充分获得课程知识。通过有效统合线上、线下教学的混合式教学模式，务求为学生提高真实可用的学习素养，从而更好地培养出"全面发展"的"应用型"人才。

（三）青少年网络自主学习的关键价值分析

"网络教育在英文中更多地表述为 E-learning，其中，learning 是学习的意思，E 是代表电子（electronic）、网络（network）、在线（online）等几种意思。应当说，网络教育是一种全新的教育方式。网络教育是以学习者为主体，以计算机技术、多媒体技术、通信技术和 Internet 网络等高新技术为主要教学手段和传播媒体，将图像、文字、动画、音频和视频技术相结合的一种新型的交互式教育方式。从学习者的角度来讲，是相对于传统的通过固定课堂听取教师直接讲授、面对面交流、查看纸质教材学习的一种新型学习方式或手段。"①

在具体的青少年网络自主学习过程中，一方面体现在由教师主导的网络自主学习过程中，青少年通过教师发布相关网络自主学习课件，进行以网络自主学习课件中心的网络自主学习；而另一方面，青少年也可以根据自身的网络自主学习兴趣，在互联网中学习自身所感兴趣的知识内容，通过自由式网络自主学习的过程，有效拓展自身的知识素养及社会见闻，为自身的学习发展奠定良好的网络自主学习能力基础。因此，青少年的网络自主学习，对于青少年的学习与发展具有关键性的价值。对于青少年网络自主学习的关键价值而言，线上网络学习渠道的拓展不仅能够促使青少年通过网络自主学习获得更为丰富的知识，同时，也能够为青少年奠定自身在日后长远发展过程中的关键网络自主学习能力，促使青少年在提升自身学习质量的基础上，逐渐适应网络信息变迁环境下的网络自主学习需要，从而为青少年当前的学习以及日后的长远发展奠定坚实的基础。

第四节　社会化与社会适应

一、青少年的社会化发展意义研究

（一）促进青少年成为承担社会责任的社会公民

随着青少年年龄的成长，他们的人格发展将会日臻完善，在气质、能力、性格等三个具体方面，显现出一个社会公民应有的姿态，从而在日常的社会生活过程中，具备一个社会公民应有的素质与素养。

---

① 李杰.网络教育学习导论[M].成都：西南财经大学出版社，2018：5.

承担社会责任，是每一个社会公民的义务。在青少年群体的成长与发展过程中，必将会踏入社会，成为一名社会公民。而教育者需要关注的是，如何促进青少年正视自身社会地位的转变，从而主动承担起应尽的社会责任。

具体在青少年的社会发展过程中，他们常常会由于缺乏社会经验，犯下一些错误，并造成一定的损失。教育者面对青少年在未来踏入社会中可能犯下的错误，应当及时地加以预判，提前在院校教育的过程中警醒青少年，从而避免他们在日后的社会发展过程中，犯下同类的错误，从而承担相应的后果。

总体而言，对于青少年的社会化校内外教育过程中，教育者应当有效地为青少年树立"公民意识"，促使青少年群体在日后正式踏入社会之后，能够以一名社会公民的责任感，有效地承担相应的社会责任，从而在促进青少年社会化发展的基础上，有效促使青少年明确自身的"社会公民责任"，并且促进青少年群体在实际的践行过程中，有效地承担起这份"社会公民责任"。通过这样的青少年社会化发展教育，务求为青少年群体树立作为一名"社会公民"的使命感，基于对"社会公民责任"的承担，帮助青少年群体有效树立使命担当意识，从而将他们培养成为具有高度责任感的社会公民。

（二）引导青少年积极参与社会发展建设

青少年群体是未来的社会主义建设者和接班人，随着他们年龄的增长以及学业的发展，他们必将走入社会，成为一名真正的社会劳动者。在青少年的心理健康教育体系下，教师和家长应在青少年的学习时期，积极引导青少年树立通过劳动参与社会发展建设的观念，促使青少年能够树立通过劳动创造社会价值的正确观念，从而为自身日后正式步入社会做好充分的准备。

在青少年群体正式踏入社会之后，青少年群体应当积极有效地参与到社会发展建设活动过程中，利用自身工作的努力，有效促进社会的进步。这也就是说，在青少年群体找到一份社会工作之后，需要积极地完成工作任务，立足于自身的工作岗位，为整体的社会发展建设做出自身应有的贡献。

在青少年群体积极参与社会发展建设的过程中，其使命担当意识就会得到良好的体现。青少年群体应当在具体的社会生活与工作过程中，利用社会实践的基础，不断积累社会经验，从而逐步地提升自身的使命担当意识，以此取得更为出色的社会性发展效果，促使青少年群体能够在参与社会发展建设的过程中发挥出更多的"正能力"。

总体而言，青少年群体是未来社会发展的主要力量，通过引导青少年群体积极参与社会发展建设的过程，能够有效地帮助青少年群体积累社会经验，提升社会适应能力，从而促使他们在不断承担更为重要的社会责任的基础上，通过自身的努力工作，取得自身发展与社会发展的协同进步，促使青少年群体有效地在社会发展过程中，积极实现自身的理想信念，最终取得令人可喜的社会发展成果。

（三）实现青少年个体发展与社会发展的辩证统一

人类个体的发展不能脱离社会的整体发展，在受到社会大环境的影响之下，人类个体的发展能够对于社会的整体发展产生积极的促进作用，从而实现个体发展与社会发展的辩证统一。在青少年心理健康教育的过程中，教师及家长应当为青少年明辨个体发展与社会发展的关系，促进青少年能够站在当代社会整体发展的大环境下，规划自身个体发展的目标，从而在未来真正踏入社会之后，朝向正确的发展方向不断前进，最终实现自身的社会发展价值。

在青少年群体的社会化发展过程中，应努力实现个体发展与社会发展的辩证统一。具体在青少年群体获得充分个体化发展的基础上，有效地利用个体化发展成果，融入社会发展的大环境之中，从而切实达到青少年个体发展与社会发展的辩证统一。青少年群体首先应当明确在社会化发展过程中，个体发展与社会发展是辩证统一的关系，认识到个体发展对于社会总体发展的作用，从而能够立足于本职工作，兢兢业业地为社会的总体发展做出自己的贡献，由此才可以实现青少年个体发展与社会发展的辩证统一。

总体而言，青少年群体在自身社会化发展的起步阶段，不要对于自身的基层工作岗位有所嫌弃，而是应从基层工作岗位做起，一步步地实现自身发展与社会发展的协同进步。青少年群体在社会化发展过程中，要充分认识到一个人的社会地位高低，往往取决于他为社会做出的贡献的程度，从而能够从基层工作岗位做起，在不断为社会发展做出贡献的基础上，逐渐提升自身的社会地位。青少年群体脚踏实地的社会工作开展，能够积极促进青少年积累社会发展经验，帮助青少年群体在明确自身社会发展方向的基础上，进一步地促进青少年群体的社会化发展，以此帮助青少年群体实现良好的社会化发展效果。

二、网络信息变迁时代青少年社会化发展现状分析

（一）青少年逐渐向多元化社会方向发展

多元化的社会发展方向，是当代社会个体发展的主要特点。青少年群体在未来的社会发展过程中，需要准确进行自我认识的定位，基于学习阶段的学习基础，为自身规划出适应自身特点的社会发展蓝图，从而在真正踏入社会

之后，能够朝向自身的理想信念目标，稳健地踏出青少年群体社会发展的第一步。

在网络信息变迁时代背景下，由于受到多元化网络思潮的影响，导致我国当代青少年群体逐渐向多元化社会发展方向发展。这样的青少年群体社会化发展现状自有其积极的意义，能够有效地促进青少年群体在踏入社会之后，根据自身的兴趣爱好与理想信念，选择相应的社会工作，从而促使青少年群体经过各行各业的成长历练，真正地成为"社会主义的建设者和接班人"。

在青少年多元化社会发展现状的影响下，在我国市场经济社会的各个领域中，都能够看到青少年群体积极工作的身影。通过青少年群体的社会化、多元化发展，能够促使我国的经济发展更好地实现协调发展的目标，促使我国的青少年群体在各自不同的社会工作岗位中，发挥出自身积极的社会工作动力，为我国经济社会的整体发展以及区域经济的协调发展，带来更为积极的促进价值。

总体而言，青少年群体的多元化社会发展，也显现出社会以及家庭对于青少年群体社会发展的包容性提升，有效地转变了传统的青少年社会就业观念，促进青少年群体在各行各业的社会工作岗位中，发挥自身的积极工作价值，从而使自身的社会化发展有效地同我国整体的社会发展相统一，促进青少年群体在自身所喜爱的工作岗位中，创造出卓越的社会性发展价值。

（二）青少年群体承担了更多的社会发展责任

青少年群体是未来社会发展的重要力量和新鲜血液，通过青少年心理健康教育的过程，应积极地为青少年群体明确自身所应承担的社会发展责任，促进青少年养成"主人翁意识"，并且鼓励青少年群体通过社会生活经验的积累，逐渐形成社会适应能力，从而使他们在未来的社会发展过程中，取得更为出色的发展效果。

在越来越多的青少年群体走入工作岗位之后，他们充分承担起了相应的社会发展责任，用自身的实际行动，证明了自身不是"垮掉的一代"。在这样的青少年群体社会化发展背景下，青少年群体的社会发展价值逐渐被公众所关注，从而有效地促使青少年群体在公众及网络媒体的激励下，更好地发挥自身的本职工作价值，担负起更为重要的社会发展责任。

所谓"少年强则国强"，当今我国的青少年群体，能够在网络信息变迁时代的时代背景下，基于自身的本职工作，为社会做出各种各样的积极贡献，从而充分地体现出当代中国青少年群体的使命担当意识，有效地回应了网络乃至社会中对于我国当代青少年群体的质疑，充分证明了我国青少年群体在社会化发展过程中，已经成为社会发展的中坚力量。

在我国，青少年群体承担日益重要的社会发展责任的基础上，他们的社会发展价值能够得到充分的体现。在当代社会多元化发展的背景下，青少年群体走向成功的道路更为丰富，从而也更好地促进了我国青少年群体在各行各业的本职工作中，充分发挥自身的社会价值，在承担更为重要的社会发展责任基础上，逐渐走向社会发展的成功。

（三）青少年群体通过社会化发展不断完善自我

青少年群体处于自身人格、情感与意志逐渐成熟的阶段，通过青少年心理健康教育，应当使青少年群体树立起健全的社会化发展理念，促进青少年群体在日常的社会生活中，持续积累社会实践经验，进而利用这些社会实践经验不断完善自我，使青少年群体的能力素质有效满足社会化发展的需求，引导青少年群体的态度、道德与人格不断适应社会的大环境。

在当代的网络信息变迁时代背景下，我们随意打开浏览器，就能够看到我国青少年群体在各行各业工作中做出的卓越贡献。由此可见，我国当代青少年群体正在通过社会化发展，不断完善自我，不断提升自我。

随着我国青少年群体社会化发展的不断深入，更多的青少年群体将自身的发展与社会的进步有效统一，通过在社会工作中不断努力工作的过程，不断完善自我，从而促使我国青少年群体已经成为我国社会发展领域中的一股不可或缺的力量。

在我国青少年群体通过社会化发展以及社会工作不断完善自我的过程中，积极地体现出我国青少年群体的社会化发展价值，不同行业、不同职业的青少年群体，都能够利用社会工作的努力进步证明自己，从而促使我国整体的社会工作职业领域焕发出由青少年群体带来的勃勃生机，带动了我国各行各业社会工作质量的整体性提升。

由此可以充分证明，我国青少年群体通过社会化发展的过程，已经在各行各业的社会工作领域中，充分地证明了自身的工作能力与积极的思想道德品质，利用自身的社会化发展不断完善自我，从而有效地实现了自身与社会的协同发展。

三、提升青少年社会适应能力的途径探索

（一）积极引导青少年参与社会实践活动

正所谓"实践出真知"，在青少年社会适应能力的形成与完善过程中，通过社会实践活动的开展，能够引导青少年将自身的情感、意志、行为习惯，放到社会的大环境下加以锻炼，从而实现帮助青少年有效积累社会经验，促进青少年群体显著提升社会适应能力的目标。

在当今的网络信息变迁时代背景下，学校以及各种其他教育机构，需要利用线上、线下相结合的途径，积极引导青少年参与自主社会实践活动，从而有效地培养青少年群体社会适应能力。

在相应的线上、线下社会实践活动的开展过程中，社会实践活动的组织者，首先应当明确此次社会实践活动的整体目标，提前预估此次社会实践活动对于青少年群体的社会适应能力的发展会起到何种作用，从而有序地组织与开展相应的线上、线下社会实践活动。

青少年群体在参与相应的社会实践活动的过程中，首先要具有明确的活动目的，那就是积极提升自我的社会适应能力；其次，要在相应的社会实践活动过程中，有效发挥自身的社会交往能力，完成各种社会实践活动任务，从而充分达到提升青少年群体社会适应能力的目的。

利用线上与线下相结合的青少年群体社会实践活动的组织与开展，能够积极引导青少年群体增长社会经验，提升社会适应能力，为他们之后正式步入社会做好充足的准备，从而促使我国当代的青少年群体在正式步入社会之后，多一份自信，少一份迷惘，用更为自尊、自信、自强的心态，积极投入到社会发展的大环境中去，在各自不同的行业中，做出各不相同的社会贡献。

（二）利用互联网渠道促进青少年关注社会发展信息

在青少年的社会适应能力发展过程中，应当积极关注外部社会环境的发展变化，从而使青少年能够准确把握外部社会发展的趋势，并根据外部社会的大环境，有效调整自身的发展方向与社会意识，以此促进其自身的发展能够始终符合社会发展的整体趋势，帮助青少年在社会发展的大环境下，准确定位。

在当代网络信息变迁时代背景下，互联网渠道成我国青少年了解外部信息的主要渠道，而通过互联网渠道的信息传播，能够吸引青少年群体有效关注自身所感兴趣的社会发展信息，从而在丰富青少年群体社会见闻的基础上，提升青少年群体的社会适应能力。

在通过互联网渠道提升青少年社会适应能力的众多信息类别中，公检法部门官网发布的官方信息，具有提升青少年群体社会适应能力的价值。公检法部门官网发布的官方信息，一般基于一些社会犯罪案件的解读与分析，并注重利用官方评价的方式，给予青少年群体相应的警示，从而在避免青少年群体触及相应法律雷区的基础上，切实地提升青少年群体的社会适应能力。

与此同时，在接触互联网媒介传播的各种正面、负面信息的过程当中，青少年群体需要有效地加强自身的信息辨别能力，基于对不同互联网信息的了解，有效分辨不同信息的不同价值，从而在正确获取信息价值的基础上，有目的地提升自身的社会适应能力。由此可见，通过互联网渠道能够使青少年群体获取大量的网络信息，而青少年群体应基于发展自身社会适应能力的目的，去积极拓展互联网信息见闻，从而有效达到提升自身社会适应能力的目的。

（三）引导青少年在现实生活中积极提升社会适应能力

完善的社会适应能力是青少年健全人格的重要组成部分，为了帮助青少年群体形成完善的社会适应能力，教师及家长应当鼓励青少年利用日常生活的点滴积累，接触不同的人以及不同的社会事物，从而在提升青少年社会适应能力的同时，促使青少年掌握更多的社会经验。

在青少年群体通过网络信息渠道，提升自身社会适应能力的同时，学校与社会应积极引导青少年，在现实生活中积极提升社会适应能力。在现实生活的过程中，青少年群体需要接触各行各业的人，而青少年群体对于自身不了解的人应提高警觉性，防止别有用心者利用青少年群体的无知与单纯，开展相应的违法犯罪活动。青少年群体在日常生活中，需要对各行各业的发展规律进行观察，并进行相应的总结，从而在有效发展自身社会经验的基础上，达到提升自身社会适应能力的效果。

具体到青少年的日常生活中，应当有意识、有目的地提升自身的社会适应能力，从而有效提升青少年群体在日后真正步入社会后的发展质量。在青少年群体有意识地发展自身社会适应能力的过程中，应充分利用互联网资源的优势与现实生活经验的结合，在加强自身社会风险防控意识的基础上，为自身构建起良好的社会适应能力，从而为青少年群体真正步入社会之后，提前做好相应的准备，并且使青少年群体能够有效地免遭社会中不法分子的侵害，建立起在当今网络信息变迁时代背景下的良好的自我保护能力，奠定青少年社会适应能力的基础。

第五节　情感与意志发展

一、情感态度对于青少年全面发展的重要性分析

（一）情感态度的发展是青少年全面发展的重要组成部分

青少年的身心健康成长，离不开健康的情感态度。拥有积极情感态度的青少年，能够更好地实现身、心、道德在社会大环境中的协同发展。青少年情感态度的发展是一个循序渐进的过程。为了促进青少年更好地养成正确的情感、态度与价值观，需要教师与家长在青少年心理健康教育过程中，注重引导青少年通过日常的点滴积累，从而逐渐形成其健全的情感、态度与价值观。

具体而言，情感的发展是青少年全面发展的重要组成部分。只有一个具备完善情感态度的青少年，才能够真正实现全面发展。通常来讲，青少年情感态度发展是伴随着青少年社会经验增长而发展与完善的。随着当今我国网络信息变迁时代的到来，我国青少年获得了更为丰富的信息资源，并且通过对于网络资源的浏览，有效增长了社会经验、见闻，为青少年群体实现全面发展发挥了更为积极的作用。

在教育学领域，青少年情感态度的发展常常与价值观发展挂钩，即"情感态度与价值观"。作为青少年全面发展的"三维目标"的组成部分，体现出青少年情感态度发展对于价值观发展的重要影响。

总体而言，青少年的情感态度发展，需要充分利用当今网络信息变迁时代的网络教育优势，通过积极正面的网络信息引导，以及现实生活中的情感态度教育，促使青少年产生积极的情感态度，从而形成正确的价值观导向。通过青少年"情感态度与价值观"的协同发展，促使他们更加热爱生活，更加关心身边的人，更加具有责任感与使命担当意识，从而真正实现青少年群体的"全面发展"。

（二）情感态度的发展有益于青少年健康成长

青少年的健康成长，是教师及家长共同关注的重要课题。为了更好地促进青少年的健康成长与发展，在青少年心理健康教育过程中，就必须培养青少年形成积极的情感态度，使青少年利用积极的情感态度，促进自身的心理健康发

展以及学习水平的不断进步，从而帮助青少年奠定坚实的成长发展基础。

一个人在社会生活的发展过程中，只有具备了健全的情感态度，才能够称之为一个健全的人。情感态度的发展包含着道德感与价值观发展两方面。在青少年情感态度的发展过程中，必须以建立积极的思想道德品质为基础，促进自身在积极道德观念的影响下，形成正确的价值观，从而利用道德的约束与价值观的引导，共同促进青少年群体的健康成长。

在青少年群体的具体情感态度发展过程中，其最为基本的情感态度就是对于美丑、是非、对错的分辨能力，能够对于美好的事物加以欣赏，对于丑恶的事物加以摒弃，从而有效地为青少年建立社会道德发展的基础，也更好地促进青少年的情感态度发展。

在当今网络信息变迁时代的背景下，青少年群体的情感态度发展更多地受到互联网价值观导向的影响。青少年通过互联网信息获取的途径，能够有效地了解社会发展动态，认识到自身以及外界环境的关联，从而利用端正的情感态度去思考外部世界各种现象的美丑、是非、对错，以此为青少年的情感态度发展奠定良好的道德感基础与价值观基础，更好地促进青少年群体的健康成长。

（三）情感态度的发展能够帮助青少年获得良好的人际交往能力

在青少年心理健康发展的过程中，人际交往能力是一项至关重要的社会生存能力。青少年通过自身的人际交往能力的提升，能够在相互尊重、相互促进的大方向下，充分地与家长、教师以及同学展开交往，从而为日后真正踏入社会，积累更为丰富的人际交往经验，为青少年的健康成长与长远发展奠定坚实的基础。

人类是具有社会性的高等动物，人类社会的发展必须要以相应的人际交往作为支撑。而情感态度的发展，能够帮助青少年获得良好的人际交往能力。首先对于青少年群体情感态度发展过程中的道德感发展而言，青少年在具备了基本的道德分辨能力之后，就会对自身人际交往的范围进行明确的界定，明确哪些人值得交往，哪些人应当远离。在与能够促进自身成长与发展的人群展开积极交往的同时，有效远离那些对于自身成长发展有害的人群。其次，对于青少年群体情感态度发展过程中的价值观发展而言，在青少年群体形成正确价值观的基础上，其社会交往人群的范围都集中于与自身拥有相同或者类似价值观的人群之中，从而在正面提升青少年人际交往能力的基础上，促使青少年在侧面远离价值观扭曲的人群，以更好地确保青少年群体人际交往的安全性。

总体而言，具备积极情感态度的青少年群体，会为其带来良好的人际交往能力，从而更好地提升青少年人际交往的质量。

二、网络信息变迁时代青少年情感分类研究

（一）质朴的亲情

亲情是每一个人与生俱来的情感，青少年在成长与发展历程中，处处都会受到家长的关心与爱护，从而体现出亲情那质朴的价值。青少年心中质朴的亲情来自他们的家庭生活。通过青少年心理健康教育的过程，应当引导青少年更加重视自身质朴的亲情，促进青少年能够基于自身与家长之间的相互关爱，有效地提升家庭生活品质。

有相关学者认为，在网络信息变迁时代，人与人的距离被无限拉大，亲情、友情及爱情的基础也更为脆弱，一旦出现问题，相应的亲情、友情及爱情关系就会破裂。上述学者的言论虽然未免过于极端，但是至少体现出了网络信息变迁时代中，人与人之间情感距离的拉大。

具体对于网络信息变迁时代青少年群体质朴的亲情而言，虽然青少年群体由于网络技术的发展，导致与身边亲人的现实沟通频率逐渐降低，但是，其内心中对于亲情的归属感不会减弱。亲情作为人类社会中最为基础的情感，是维系家庭、社会乃至国家发展的重要基石。所谓"家和万事兴"，也就是说，家庭作为社会乃至国家的基本单位，只有家庭和谐，才能够对于社会乃至国家的发展发挥出积极作用。网络信息变迁时代下的家庭关系，呈现出网络信息化发展的形式，但是，万变不离其宗，青少年群体心中质朴的亲情一定会对于自身家庭的和谐发展形成积极的促进作用。

（二）纯真的友情

在青少年踏入学校之后，他们就能够获得与同学的纯真友情。青少年那纯真的友情是其情感发展的重要组成部分。通过与同学建立友情的过程，能够促使青少年学会与人交往、与人合作，懂得包容他人不同的观点，学会理解他人。在青少年心理健康教育过程中，教师及家长应当基于青少年与同学间的纯真友情，引导他们树立健全的人际交往观念，从而为青少年的长远发展奠定坚实的基础。

由于没有功利因素介入，青少年群体的友情被认为是最为纯真的。而随着网络信息变迁时代的到来，青少年群体更是能够通过网络渠道去认识更多志同道合的网友，从而丰富自身的网络友情。

然而，值得我们关注的是，基于互联网渠道建立的友谊往往是不牢靠的，甚至可以说是脆弱的。与此同时，网络交友常常存在着这样或那样的陷阱，因此，青少年群体应该对于网络交友更加谨慎，时刻小心踏入网络交友的陷阱。与此同时，这也不代表青少年群体就完全不能结交网友，而是应利用理性的网络交友观念，与具有相同特点或兴趣爱好的网友保持"有距离的交往"。

由此可见，青少年群体在网络信息变迁时代背景下，需要更加珍视身边的朋友，利用彼此之间纯真的友情，有效促进彼此的协同发展。在未来的人生发展路途中，拥有更多相伴发展的朋友，在成功之时获得朋友的赞赏，在低落之时获得朋友的帮助，从而更好地发挥青少年群体中那份纯真友情的作用，使青少年在长远发展过程中，能够拥有更多知心朋友的陪伴。

（三）懵懂的爱情

在青少年的成长发展过程中，正值"青春期"的青少年，往往会对异性产生懵懂的感情，如果教师及家长不能对于青少年懵懂的情感加以合理的疏导，很可能影响青少年群体的生活与学习。青少年对异性产生懵懂的情感并不算心理问题，需要教师及家长对于青少年给予更多的理解和宽容，帮助青少年树立正确的爱情观念，从而进一步促进青少年情感的健全发展。

在传统教育理念下，青少年群体对异性懵懂的情感会被视作"早恋"，在得不到他人认可的基础上，导致家长与教师的协同抵制。而随着社会观念的转变，青少年群体懵懂的爱情获得了更多家长及教师的宽容与理解。

而在网络信息变迁时代的背景下，很多青少年群体开展了"网恋"，与相关的"网恋对象"开展了密切的网络交往。对于这种形式的"网络爱情"我们不能全盘否定，但是很多"网恋"过程中，确实存在着损害青少年群体经济利益的陷阱，使得青少年群体在"网恋"的过程中，不得不加以提防和小心。

在日常的校园生活中，青少年群体之间的恋爱交往只要不影响学习，不违背相应的道德观念，还是应该被教师与家长允许的。在青少年群体懵懂的爱情过程当中，他们可以通过尝试与异性的适度交往，进一步完善自身的人际交往能力，并且逐渐积累与异性交往的经验。

三、网络信息变迁时代青少年的意志发展研究

（一）意志发展对于青少年群体健康发展的重要性解析

一个健全发展的人，必定具备良好的意志力，通过自身的意志力管理自

己、约束自己，并能够在遇到困难之时，利用自身良好的意志力为自己加油鼓劲，从而顺利地克服生活中的种种困难，实现良好的发展愿景。

意志在《辞海》中的解释为："决定达到某种目的而产生的心理状态，往往由语言和行动表现出来。是人的意识能动作用的表现。人的世界观对意志的形成和作用有一定的影响。意志在人的社会实践中形成和发展，为客观规律性所制约。在发挥意志的作用时，绝不能违背客观规律和超越客观条件许可的限度为所欲为。"[①] 由此可见，积极良好的意志能够促进青少年群体有效发挥"意识能动作用"，而在青少年群体运用意志的时候，还需要充分依照事物的客观发展规律，在现实条件许可的基础上，最大限度地发挥人的"意识能动作用"，使自身获得良好的发展。

在青少年群体的成长与发展过程中，意志的作用是十分明显的。基于青少年群体意志的发展，并根据目的调节支配自身的行动，克服困难，去实现预定目标的心理倾向。与此同时，意志也是决策心理活动过程中重要的心理因素，是人的"意识能动作用"的集中体现，在人主动地变革现实的行动中表现出来，对行为有发动、坚持和制止、改变等方面的控制调节作用。由此可见，意志对于青少年群体的成长与发展具有不可或缺的重要作用。

（二）青少年群体意志力发展现状分析

青少年群体的意志力发展，离不开意志品质的塑造与提升。所谓意志品质，主要体现在意志的自觉性、果断性、自制性、坚持性等方面。通过意志的自觉性，为青少年群体构建起意志力的基础；通过意志的果断性，促进青少年能够发展出果断的事务处理能力；通过意志的自制性，促使青少年能够切实发展自我约束能力；通过意志的坚持性，促进青少年养成持之以恒的意志力。

在当今的网络信息变迁时代背景下，由于受到不同网络思潮的影响，青少年群体的意志力发展也是不一而足的。一方面，在"适当努力"以及"放弃并不可耻"等网络思潮的影响下，一些青少年群体确实出现了意志力降低的倾向；另一方面，在"成功在于坚持"以及"意志力是成功的关键因素"等网络思潮的影响下，另一些青少年通过网络思潮的鼓舞，切实提升了自身的意志力。

总体而言，当代中国青少年群体的意志力呈现出多元化的发展现状，根据不同青少年群体的不同生活背景与发展现状，其自身的意志力发展水平也各不

---

① 夏征农，陈至立.辞海[M].上海：上海辞书出版社，2009：2122.

相同。在这样的青少年群体意志力发展的背景下，大多数成功的青少年群体都具有坚强的意志力，能够有效利用自身的意志力克服种种困难，从而取得生活、学习乃至工作上的成功；而缺乏意志力的青少年群体，由于没有坚强的意志力引导，使他们在从事某项工作之时，往往知难而退地选择放弃，造成了他们学习、生活乃至工作的开展受到了相应的限制。

（三）青少年群体提升意志力的途径研究

在青少年心理健康教育的过程中，教师及家长可以通过有目的的意志力培养手段，促进青少年发展以自觉性、果断性、自制性、坚持性为主的意志力。具体对于青少年意志力的培养价值而言，通过有目的的意志力培养，能够使青少年在提升自身意志力的自觉性基础上，锻炼出果敢的决断能力，并且基于自制力的发展，促使青少年管理和约束好自己，最终养成坚韧不拔、永不放弃的意志。

青少年群体提升意志力的途径多种多样，如参加体育锻炼、参与思维培训、开展意志力培养活动，等等。虽然这些具有明显"意志力培养目的"的活动能够有效地培养青少年群体的意志力，但是青少年群体在日常的生活、学习乃至工作中，应当自觉自主地从提升"自我控制能力"开始。

如通过参与游泳比赛而培养青少年意志力的过程中，游泳教练为参与训练的青少年群体制定了"混合泳2000米"的目标。这个锻炼目标对于大多数青少年群体来说是难以实现的，而在具体的训练开展过程中，虽然有一些青少年选择了中途放弃，但是更多的青少年群体利用自身的意志力，克服了"混合泳2000米"的疲劳感受，最终完成了的训练目标，从而在有效提升游泳能力的基础上，使他们获得了更为坚韧的意志力品质。由此可见，虽然我们不一定非要通过参与体育锻炼、参与思维培训、开展意志力培养活动等过程刻意地提升自身的意志力，但是意志力的形成贵在坚持，青少年群体应当在日常生活中坚持基于"自我控制能力"的培养，从而逐渐提升自身的意志力，为当前的生活、学习，以及日后的长远发展奠定坚实的基础。

第六节　人格成长与人生规划

一、青少年人格成长的价值研究

（一）人格的概念分析

在《辞海》中，对于"人格"的概念是这样描述的："心理学上有两种不同的含义：（1）人所独有的、不同于别人的心理特征的总和，即'个性'。（2）各个个人之不用于任何其他动物的心理特征的总和，即人所具有的共同性心理特征。现代心理学表明：人的机体是由一些特殊的结构所构成的整体，人的自然环境和社会环境也包括一些有组织的结构，因而人格就是个人这个有机结构同他的环境特别是他的社会环境之间的各种关系的反应的总和。"[①]

我们可以总结出"人格"一词专指"人之所以为人"的特点，包含了人的道德品质基础与心理品质要素，健全的"人格"，即人的道德品质与心理品质的健全。对于青少年而言，"人格是个体在思想、情感和行为上表现出来的独特模式，作为决定人的典型行为方式的心理系统或动力结构，人格会直接影响到人们在环境变化及其适应过程中的态度、信念、情绪和行为。儿童青少年期是构建自我认同、培养健全人格、发展社会技能的重要阶段。儿童青少年人格的形成与发展是在一定的环境中展开的，儿童的早期经验、家庭环境、父母教养、学校教育方式等都会在其人格发展中起到至关重要的作用。"[②]

在青少年的心理健康教育过程中，完善的人格教育应从气质、能力、性格三个关键点入手。通过对青少年气质的培养，使青少年获得符合当前发展阶段的气质特征；通过对青少年能力的培养，使青少年能够利用自身能力解决实际问题；通过对青少年性格的培养，帮助青少年更好地与他人相处，从而使青少年逐渐形成健全的人格。

（二）青少年人格成长的特点探究

当代社会青少年人格成长的特点，主要包括多元化、统一性、个性化三个方面。通过教师及家长的心理健康教育指导，能够促使青少年积极发挥多元

---

① 夏征农，陈至立.辞海[M].上海：上海辞书出版社，2009：135.

② 杨丽珠.儿童青少年人格发展与教育[M].北京：中国人民大学出版社，2014：4.

化、统一性、个性化人格成长特点的优势，最终形成适应外部社会发展需要与青少年心理发展需要的健全人格。

对于青少年人格成长的多元化特点而言，在当今的网络信息变迁时代背景下，青少年人格成长呈现出多元化的发展趋势。一方面青少年人格的成长受到了"社会主义核心价值观"以及"中华民族共同体"等正面的引导，呈现出正面发展的总体趋势；另一方面，青少年人格成长受到网络流行文化的影响，呈现出个性化的发展趋势。

就青少年人格成长的统一性而言，我们可以认识到一个人的人格终归是需要统一的。在青少年群体人格的发展过程中，需要基于"正能量"的"人格共性"，有效包容多元化的"个性人格"，从而有效地使青少年群体发展出符合社会整体道德价值观念，并不失去个性化发展特点的独立人格，从而实现青少年群体人格"共性"与"个性"发展的有机统一。

就青少年人格成长的个性化特点而言，瑞士心理学家荣格将"个性化"定义为："个性化决定了个体的形成与区分过程；更确切地说，个性化是指心理个体的发展，把个体从普遍的集体心理中分化出来。所以，个性化是一个分化的过程，个体人格的发展是它的目标。"[①]。对于青少年"个性人格"的发展，我们要给予充分的尊重。在当今平等、和谐的社会背景下，每个人都具有追求个性、追求自我的权利。而青少年的"个性人格"发展，不能违背我国社会中"共性人格"的公序良俗，需要与"社会主义核心价值观"相符，从而使青少年在"个性人格"的发展过程中，能够更好地遵循我国社会"共性人格"发展的制约，最终形成当代青少年独立的"人格"。

（三）青少年人格成长的价值

青少年"人格"的成长，标志着他们正式成为一名社会成员。每个青少年都将在当今网络信息变迁时代的社会背景下，发展出独立自主的"人格"。在青少年人格成长的过程中，通过教师及家长的正确引导，能够促进青少年发展出更为完善的人格，通过气质、能力、性格三个主要方面的培养，使青少年在树立健全人格的过程中，能够准确地把握自己，并且利用自身健全的人格有效开展学习、生活以及更为广泛的社会生活活动。

在青少年"人格成长"的过程中，在满足"社会主义核心价值观"以及"中华民族共同体"的"共性人格"基础上，青少年群体能够根据自身的成长特点

---

① 卡尔·古斯塔夫·荣格.心理类型[M].吴康，译.南京：译林出版社，2014：221.

与兴趣爱好，将不同的文化与理念融合到自身"个性人格"的发展过程中，从而在社会大众发展的过程中，能够积极体现出自身的"个性特点"。

对于青少年"人格成长"的价值而言，首先，通过青少年"人格成长"的过程，能够使青少年有效受到"社会主义核心价值观"以及"中华民族共同体"意识的约束，促使青少年群体积极适应这些中国社会的公序良俗。其次，在青少年"个性人格"发展的过程中，基于积极的个性爱好的特点，能够体现出青少年在"人格成长"过程中的独特个性，从而在社会的包容与理解的基础上，充分地体现出青少年群体的个性化特点。

二、培养青少年养成健全人格的途径分析

（一）通过学校教育培养青少年养成健全人格

学校教育是培养青少年健全人格的主要途径，通过学校教育培养青少年群体养成健全人格，是我国乃至国际社会范围内，最为基本的一种青少年健全人格培养方式。在学校教育过程中，教师能够引导学生去深刻理解现实社会中的"是非对错"，并且为学生进行基于"社会主义核心价值观"以及"中华民族共同体"的教育，促使学生在有效养成"共性人格"的基础上，更为重视对于社会中的"公序良俗"的遵守。

对于学校教育培养青少年养成健全人格的途径而言，首先，可以利用课堂教学的方式进行知识性的培养，并通过教师的言传身教，为青少年树立相应的榜样，利用榜样的作用引导青少年发展出健全的人格。其次，教师还可以通过组织集体活动，为青少年构建良好的校园文化氛围，再利用师生互动的过程，促进青少年的健全人格发展。最后，利用青少年学生之间的同伴关系发展，帮助青少年群体实现健全人格发展的相互促进，最终达到理想的健全人格培养目标。

通过学校教育，培养青少年群体养成健全的人格，是落实"立德树人"根本任务的重要组成部分，也是学校教育中最为关键的思想道德教育内容。在学校的青少年健全人格教育过程中，教师应当有效避免以"成绩的优劣"来对学生进行人为的划分；更加应当倡导在尊重全体学生独立人格的基础上，开展相应的学校健全人格教育，从而促使全体接受学校健全人格教育的青少年都有效地认识到每个人人格的平等性。通过学校教育的过程，更加注重的是利用"共性人格"教育，帮助学生养成"健全人格"，充分体现了学校教育中道德与价值观教育的功能。

（二）通过家庭教育使青少年养成健全人格

在通过学校培养青少年健全人格的同时，家庭教育对于青少年健全人格养成的影响同样也不可忽视。对于家庭教育，美国心理学家马斯洛指出："现在的教育主要训练孩子听话，不惹大人生气，不干扰大人的活动等，而更理想的教育是以能使孩子成为自我实现的人为教育宗旨的。教育应该教给孩子坚强、自尊、有正义感、抵制控制和利用，抵制宣传和盲目地适应文化，抵制暗示和时髦。"[1] 而在我国传统的家庭教育观念中，家德、家风教育是家庭教育的主要途径，通过基于家庭教育开展的思想道德教育、勤俭节约教育、环境保护教育等教育途径，能够在为青少年群体有效树立家德、家风的基础上，更为有效地促进青少年群体健全人格的发展，同时促使青少年群体更加注重自身在家庭中的责任感，从而更加积极主动地承担家务劳动、承担家庭责任，等等。

具体对于家庭教育的途径而言，主要包括家长的言传身教、家德、家风的熏陶、家庭教养的教育。在家庭教养的过程中，又包括权威式、放纵式、民主式、冷漠式的家庭教养方式，其中以民主式的家庭教养最为有效。通过家庭教育培养青少年人格的途径，能够在拉近亲子关系的基础上，促进青少年更好地传承良好的家德、家风，最终成为一名有责任、有担当的家庭成员。

家庭教育在青少年健全人格形成的过程中，其教育的价值体现的是潜移默化的，通过日常家庭教育的一点一滴积累，逐渐地使青少年群体养成相应的品格与习性。良好的家庭教育必定是在充分尊重青少年个体尊严的前提下进行的，利用引导性的手段，使青少年在日常的家庭生活过程中，逐渐养成家德、家风，从而使这些青少年在踏入社会，或者组建新家庭之后，能够有效地发挥自身家德、家风的价值，并且积极传播自身的优秀家德、家风，从而促使青少年群体在接受家庭教育的过程中，逐渐养成健全的人格。

（三）通过网络教育使青少年养成健全人格

美国心理学家班杜拉认为，青少年健全人格的养成主要是通过观察、模仿现实生活中重要人物的行为来完成的。任何有机体观察学习的过程都是在个体、环境和行为三者相互作用下发生的，行为和环境是可以通过特定的组织而加以改变的，三者对于青少年行为塑造产生的影响取决于当时的环境和行为的性质。

在当今网络信息变迁时代背景下，对于青少年健全人格的教育不仅限于学

---

① 马斯洛．马斯洛精选集[M].方士华，编译．北京：北京燕山出版社，2013：421.

校与家庭，网络教育的重要性同样不可忽视。在网络教育的过程中，更多的是对于青少年"个性化人格"的教育。青少年基于自身的性格爱好特点，去关注网络电影、公众人物、网络人际关系、游戏角色等网络信息内容，从而在有效满足自身个性需求的基础上，实现自我的"个性人格"发展。

例如，喜爱关注体育的青少年，会通过对于体育赛事的观看以及对于体育明星背景资料的研究，去获取"顽强拼搏""自强不息""勇于奋斗"等"个性化人格"发展要素，从而基于自身的体育兴趣爱好特点，促进自身健全人格的整体发展。

在青少年接受网络健全人格教育的过程中，青少年所处的地位不再是被动的，而是主动地根据自身的兴趣爱好特点，去浏览学习相应的网络讯息，从而更为有效地发展互联网的大众教育功能，使青少年群体利用主动性的网络学习过程，不断健全自身的人格发展，促使自身的"个性人格"有效地与"公序良俗"的"共性人格"相统一，最终实现青少年群体的健全人格发展。

三、人生规划对于青少年成长发展的作用探究

（一）通过人生规划教育过程为青少年群体树立人生发展目标

人生规划教育是青少年心理健康教育的重要组成部分。具体通过人生规划的教育过程，为青少年树立起积极的人生发展目标，坚定青少年对于理想信念的追求，并且有目的地培养青少年的意志力，以便于更好地督促青少年提升行动能力。青少年人生规划教育对于青少年成就感的获得、自我掌控能力的树立以及信心的发展，都具有十分积极的促进作用。

在青少年群体的健康发展过程中，一份完善的人生规划对于青少年群体不可或缺。良好的人生规划能够有效地促进青少年群体确立自身的人生发展目标，并将自身的人生规划与自身的理想信念有机统一，从而形成值得为之奋斗一生的人生发展目标。

具体对于青少年群体的人生规划制定引导过程而言，教育者需要在充分挖掘青少年性格发展潜力的基础上，有效地为相应的青少年群体列出自身的优势与不足，并鼓励青少年群体基于教育者的客观分析，去制订适合自身发展特点的人生发展目标。

在青少年群体确立了自身的人生发展目标之后，就需要利用实际的行动，去实现相应的人生发展目标。在青少年群体取得成功之时，不要忘却了自身的人生发展目标；在青少年群体陷入低谷之时，则需要充分利用自身的人生发展

目标鼓舞自己，促进自身能够尽快走出低谷。

总体而言，通过人生规划教育的过程，首先应为青少年树立值得为其奋斗一生的人生发展目标，在青少年将自身理想信念与人生发展目标相融合的基础上，再促使青少年不断用自身的人生发展目标指引行动，从而获得不断的进步，并且最终实现青少年群体的人生发展目标。

（二）通过人生规划教育中的"逆商"教育促使青少年正确面对逆境

"逆商"是人们通过在逆境中的经验总结，而获取的独特的人生财富。通过人生规划教育中的"逆商"教育，能够使青少年在面对困难之时，积极寻找解决问题的途径，并且使青少年能够勇于战胜困难，为自身的人生发展积累宝贵的"逆商"财富。

在人生规划教育的过程中，"逆商"教育具有其独特的教育意义，对于青少年群体的成长具有更为现实的教育价值。具体在人生规划教育体系下的"逆商"教育过程中，教育者可以为青少年列举一些古今名人面对挫折而不失本性的教育案例，促使青少年认识到"挫折"也是一种人生财富，能够使接受挫折者形成更为坚定的意志品质。同时，在人生规划教育体系下的"逆商"教育过程中，教育者应当充分鼓舞青少年群体，在日后遇到逆境之时，不应忘却自身制定的人生发展目标；并为青少年群体明确一切逆境都是暂时的，通过经历挫折的过程，能够使自身获得更为丰富的人生经验。

"逆商"教育在我国有悠久的历史，孟子曰："故天将降大任于是人也，必先苦其心志，劳其筋骨，饿其体肤，空乏其身，行拂乱其所为，所以动心忍性，曾益其所不能。"通过分析先贤孟子的这段"逆商"教育内容，我们看出，任何成功的人都要历经坎坷和逆境，才能实现自身的人生发展目标与理想信念。广大青少年群体在面对逆境的过程中，要不忘自身的人生发展目标与理想信念，积极地与挫折进行抗争，从而取得最终的成功。

（三）通过人生规划教育促使青少年群体逐渐实现人生发展目标

科学的人生规划教育，有助于促进青少年群体人生发展目标的实现。通过人生规划教育的具体过程，积极引导学生在现实生活中勇于追求自身的人生目标，并且通过自身的努力与他人的协助，促使自身的人生发展目标在一步步的追求中变为现实。

科学的人生规划教育不仅要为青少年群体明确人生发展的目标，还要注重引导青少年群体利用时间段的划分，制定其在不同人生发展阶段的不同人生发展目标，以及具体的分阶段人生发展目标的实现途径，从而使其在总体人生发展目标导向下，分阶段、按步骤地一步步完成阶段性人生发展目标，从而最终实现自身的总体人生发展目标。

在这样科学的人生规划教育背景下，青少年群体能够根据自身的个性特点，制定符合自身发展现状的人生发展目标，促使青少年群体的人生规划整体目标得以分阶段、按步骤的实现。在青少年群体详细制定了自身的分阶段人生发展目标之后，就需要利用自身积极的实际行动来促进分阶段人生发展目标的实现与达成，从而使自身的人生规划不至于成为一种空谈，也更好地促进青少年从人生的起步阶段做起，按计划地实现自身的长远人生发展规划。

第四章　网络信息变迁时代青少年行为变化及特征

第一节　网络世界：现实平衡与依赖

一、网络世界的现实平衡研究

（一）网络世界为青少年建立了现实平衡的空间

网络世界具有开放性、虚拟性、多元性的特点，而现实世界则具有封闭性、物质化、单一性的特点。这样的外部环境差异，导致青少年更加依赖于网络世界的虚拟空间，从而在网络世界中寻求网络虚拟空间与现实生活的平衡。

青少年群体在现实生活中的社会地位往往较低，而网络世界为青少年建立了现实平衡的空间，致使大量的青少年群体沉溺于网络世界中无法自拔。在虚拟的网络世界中，人人都是平等的，只要在不违反相关法律与相应的道德观念共识的基础上，网络世界中的每个人都具有自由发言的权利，能够充分通过网络世界的媒介发表自身的观点，从而为青少年创造了"现实平衡空间"。

在这样充满自由的网络世界当中，青少年群体能够通过接受网络文化与发表自身观点的形式，有效地与现实生活中并没有交集的网友展开交流互动，通过同样的价值观对接以及类似的思想观点，找到自身在现实世界中缺少的"共鸣感"，从而促使青少年群体更加依赖于网络世界中的"现实平衡空间"，并在网络世界的"现实平衡空间"中，获取充分的自尊与自信。与此同时，青少年群体在这样的"现实平衡空间"中，能够寻找到更多与自己"志同道合"的网友，从而更加促进了他们通过网络世界寻找现实的平衡。

（二）网络世界能够使青少年得到心理安慰

青少年群体的想象力丰富、好奇心强，并且具有敢于冒险、善于尝试、追求独立、注重隐私的心理发展特征。由于青少年具备这样的心理特征，因此，他们在现实生活中一旦遇到挫折，就需要寻找相应的心理安慰，而网络世界恰好为青少年群体提供了这样的一个虚拟空间。

青少年群体在现实生活中受到伤害或者遇到挫折之时，通过连接虚拟网络世界的"现实平衡空间"，能够有效地安慰青少年受伤的心，促使他们能够更快地获得"治愈性"效果，从而在现实生活中快速地恢复自身的积极心态、心理，使青少年走出受伤与挫折的阴影。

在现实生活中，我们也能够有效地治愈心理创伤，如找到朋友互诉衷肠，或者找到心理医生进行心理咨询等，但是这些方法都相较于从网络中获取心理安慰更为复杂，也需要更高的成本。

由于网络世界具有治愈青少年群体心理创伤的功能，在网络媒介中出现了一个名为"治愈系"的新名词。青少年群体在经受心理创伤之后，也许听一句"治愈系"歌曲，就能够获得心理的安慰；或者青少年群体在面对挫折之时，也许看一段"治愈系"视频，就能够重新找回自信。由此可见，网络世界中的现实平衡对于治愈青少年的心理创伤具有廉价性与便捷性的特点，对于促进青少年群体的健康发展具有积极的意义。

（三）青少年在网络世界中能够获得相应的满足感

美国心理学家马斯洛的需求层次理论认为，人类的需求分为五个层次，通常被描绘成金字塔式的等级。从层次结构的底部向上，人类的需求分别为：生理需求、安全需求、社交需求、获得尊重的需求以及自我实现的需求。通常在现实生活中，青少年实现这五种需求需求一个长期的过程，而在网络世界中，青少年能够更为轻松地实现获得尊重的需求以及自我实现的需求，从而使青少年在网络世界中获得相应的满足感。

马斯洛需求层次见图4-1。

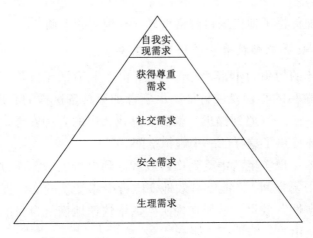

图4-1 马斯洛需求层次

具体而言，青少年群体在现实生活中，如果要获得成功，需要经历一个长期努力的过程，并且还有失败的可能；而在网络世界中，青少年不必通过努力就能够获得与现实生活中与成功相类似的满足感。这促使他们更加依赖于网络世界。

例如，青少年群体在网络世界中发表了一段创新的言论，得到了网友的认可与支持，这时候他们的网络世界满足感就会油然而生。相较于现实世界通过不断努力获得成功的过程，在网络世界中得到他人的认可更为简单与便捷，因此，很多青少年习惯于通过网络世界来获取相应的满足感。

在现实世界中也许无法获得他人认同的观点，通过网络世界的传播，就能够找到相应的认同者；抑或是在现实世界不会受到他人关注的青少年群体，在网络世界就能够被网友积极关注，这无疑是青少年群体自我"满足感"的一种实现。对于青少年群体这种在网络世界中寻求满足感的行为，我们不必评价其对错，而是应当予以充分的理解。青少年群体有权利合法地利用网络媒介，寻找自己的知音与认同者，只要他们不沉溺于其中无法自拔，适度地在网络中寻找"满足感"对于青少年群体的心理健康发展还是具有积极意义的。

二、青少年对于网络世界的依赖心理分析

（一）由于对现实生活不满而依赖网络世界

随着网络信息变迁时代的到来，青少年对于网络世界的依赖感逐渐增强，甚至部分青少年形成了沉迷网络的问题。青少年沉迷网络的问题，如今已经从

一个教育问题发展成为受到公众广泛关注的社会问题，亟须教师、家长、社会的正确教育引导，以帮助青少年走出沉迷网络的阴影。

大多数沉溺于网络世界的青少年，都是因为对于现实生活的不满，从而依赖于网络世界，使得这些青少年群体在网络世界中无法自拔。现实生活的不如意，是绝大多数人都曾经经历过的，但是只要利用合理的方式，就能够正确看待现实生活，打消对现实生活中的不满，从而积极开展自身的生活、学习乃至工作。而很多的青少年群体，在现实生活中只要遇到一点挫折，就全盘否定现实生活，将自身的注意力集中于网络世界中，从而形成了青少年群体对于网络世界深度依赖现象的发生。

对于青少年群体由于对现实生活的不满而依赖网络世界的现象，我们也不必盲目地斥责这些青少年群体，而是应当利用有效的引导方法，将这些依赖网络世界的青少年的注意力重新引导到现实生活当中。现实生活中不如意的事情常常出现，而我们应当思考如何解决现实生活的问题，从而有效地提升我们现实生活的质量，而不是通过依赖网络而转移注意力。

（二）由于好奇心过度而依赖网络世界

网络世界是现实世界的一个缩影，同时能够将海量的信息集中于青少年面前的浏览器中，促使青少年在好奇心的驱使下，对于网络世界逐渐产生依赖感，并且通过网络世界追求社交需要、被尊重的需要以及自我实现的需要，促使青少年群体对于网络世界的依赖感进一步增强。

对于绝大多数青少年群体而言，缤纷绚烂的网络世界充满着无限的可能性，他们会基于自身的好奇心而进行相应的网络探索，但是部分青少年群体由于自身好奇心的过度旺盛，而沉溺于网络世界无法自拔。

网络世界确实是充满趣味和乐趣的，但是因为好奇心过剩而沉溺于网络世界，会使得相应的青少年群体影响现实世界的生活，导致他们的生活、学习乃至工作被网络世界所耽误，从而为这些依赖网络世界的青少年群体带来现实生活的损失。

所谓"好奇之心人皆有之"，好奇心是我们每个人都具有的心理特点，但是，不是每个人都会由于好奇心过度而依赖网络世界。在这里，我们要提醒由于好奇心过度而依赖网络世界的青少年，应当摆正网络与现实生活的关系，网络只是现实生活的一种工具，而不是现实生活的主宰。在青少年群体的网络生活过程中，要注意运用网络的"度"，应当适度利用网络资源，而不是沉溺于网络世界之中无法自拔。

（三）因为青少年群体的理想无法实现而依赖网络世界

网络世界的虚拟空间为青少年的心理发展构建了更多的可能性，很多的青少年群体由于自身的理想在现实生活中得不到认可，而转向依赖于网络世界，在网络世界的虚拟空间内获得些许的心灵慰藉，利用网络来逃避现实、麻痹自我。

在现实生活中，有很多青少年群体存在着"志大才疏"的缺点，自身的理想很高远，但是自身的现实条件与能力却很平庸。当这些"志大才疏"的青少年群体接触到网络世界之时，就会在网络世界中久久不能自拔，从而形成对于网络世界的依赖。这些"志大才疏"的青少年群体虽然具有远大的理想，但是他们实现理想的方式不是不断完善和提升自我，而是通过在虚幻的网络世界中寻找存在感，从而导致这些"志大才疏"的青少年群体丧失了人生中最为关键的发展阶段，只能够在网络世界中寻求虚无的慰藉。

面对这样的现象，我们不必对于这些"志大才疏"的青少年群体盲目斥责，而是应当在肯定他们的远大理想基础上，引导他们正确认识到，要实现自身的远大理想，必须脚踏实地充实自我，发展自身的能力，从而才能一步步地向着自身的理想前进。对于这些"志大才疏"的青少年群体，我们还应为他们明确，一味地在网络空间中寻找慰藉，只能耽误自身的发展，要让他们正确认识到互联网技术的工具性价值，从而将其的主要精力重新放到现实生活之中。

三、避免青少年沉溺于网络世界的方法探究

（一）促进青少年群体增进日常现实生活交流

在马斯洛的需求层次理论中，生理需求、安全需求、社交需求、获得尊重的需求与自我实现的需求，是一个层层递进的模型。而在网络的虚拟空间内，青少年群体能够跳过生理需求与安全需求，直接获得网络中的社交需求、获得尊重的需求以及自我实现的需求。这使得很多青少年沉溺于网络世界中无法自拔。

马斯洛指出："自我实现和良好成长也有主观上的肯定和强化。这就是生活中的兴味感、幸福和欣快感、安详感、快乐感、镇静感、责任感、对自己处理突发问题的能力的信任感等。背弃自我、固执、倒退，依靠畏惧而不是依靠成长过生活等的主观标志，就是焦虑、绝望、厌烦、不能享受、固有内疚、内在

羞愧、无目的、无聊、缺乏同一性等这样的感觉。"① 因此，在避免青少年群体沉溺网络世界的过程中，最为直接有效的方法就是促进青少年群体增进日常现实生活交流，通过更多的现实交流互动，有效地将青少年群体的注意力引入到现实生活过程中，从而避免他们沉溺于网络世界而无法自拔。

对于严重沉溺于网络世界而无法自拔的青少年群体而言，他们普遍性地都缺少与同伴的日常现实生活交流，使得他们更加乐于利用与网友交往的过程，满足自身人际交往的需要。与此同时，青少年群体缺乏与同伴的日常现实生活交流，还容易导致他们出现孤僻与自闭的心理倾向，从而只能够在虚拟的网络世界中寻找自我，这导致这些青少年群体的现实社会交往进一步减少，同时又更加依赖于虚拟的网络世界，形成一种恶性循环。

在促进青少年群体增进日常现实生活交流的过程中，教师和家长应当为青少年群体进行正确社交观念的指导，促使青少年群体在现实社会交往活动的过程中，懂得尊重他人，能够听取他人的不同意见，能够站在他人的角度换位思考，从而在提升青少年群体社会交往能力的基础上，更好地避免他们沉溺于网络世界。

（二）帮助青少年群体正确理解网络世界存在的价值

网络世界是现实世界的拓展与延伸，如果没有现实世界的依托，网络世界便失去了存在的价值。在青少年心理健康教育过程中，教师与家长需要引导青少年正视网络世界存在的价值，使他们能够更加注重在现实生活中的发展，而将网络世界视作现实世界的一种补充。

很多沉溺于网络世界的青少年，没有充分地认识到网络世界存在的价值，只是一味地在网络世界中寻找虚无的满足感，从而导致他们沉溺于网络世界无法自拔的现象发生。面对这样的现象，教师和家长应当引导青少年正确理解网络世界存在的价值，促使沉溺于网络世界的青少年群体，注重利用网络资源的工具性更好地促进自身现实生活的发展，从而有效帮助他们走出沉溺于网络世界的迷途。

对于网络世界而言，其首要的存在价值就是对于人类现实生活的促进。网络空间或者说网络世界是人类互联网技术的产物，而其根本的价值与作用则是服务于人类的现实生活。网络世界是现实生活的一种补充，适度地关注网络讯息具有积极的意义，但是青少年群体不应过度地沉溺于网络世界之中。一旦青

---

① 马斯洛.马斯洛精选集[M].方士华，编译.北京：北京燕山出版社，2013：536.

少年群体正确认识到网络世界的"工具性"价值，那么，他们就能够将自身的主要注意力回归到现实生活领域中，将网络世界看作促进自身现实生活的一种虚拟资源，从而做到"取舍有度"。

（三）引导青少年群体注重发挥网络世界的工具性作用

互联网技术发展的核心价值，就是发挥网络世界的工具性作用，服务于现实世界的发展。在青少年心理健康教育过程中，教师及家长需要引导青少年正确认识网络世界的工具性作用，从而使青少年有效利用网络信息技术服务于自身的生活与发展。

正如上文所述，网络世界是服务于人类现实生活的一种工具，青少年群体在利用网络资源的过程中，应正确认识网络信息技术的工具性价值，从而有效地利用网络资源与网络软件，帮助自身获得现实生活的成功，而不是沉溺于网络世界中无法自拔。

对于网络世界的"工具性"作用而言，首先最直接的体现，就是各种网络软件的应用。例如，我们常用的 Office 办公软件之中的"Word""Excel""PowerPoint"，或者是图片处理软件"PhotoShop"。其次，网络世界的"工具性"还体现在存储数据信息的领域。在大数据、云存储、云计算技术的引导下，人们能够充分利用计算机的计算功能，实现数据的互联互通与交流贡献，从而更好地服务于人们的现实生活。最后，网络世界的"工具性"作用也体现在网友互相交流生活经验的过程。很多人在遇到生活疑难问题之时，第一时间就通过一些网络经验交流网站去寻找答案，从而更好地促进了人们的生活经验共享，有效地节省了人们解决现实问题的时间。

第二节　网络游戏：自尊追求与沉迷

一、青少年群体在网络游戏中的自尊感满足

（一）网络游戏能够带给青少年群体成功的喜悦

由于青少年具有想象力丰富、好奇心强、敢于冒险、善于尝试、追求独立的性格特点，因此，他们对于面前的新鲜事物更加具有尝试的欲望，而网络游戏正好能够满足青少年的上述心理需要，从而使青少年群体在网络游戏过程中

获得成功的喜悦。

通常来说，网络游戏的情节紧凑、对抗激烈，青少年群体在玩网络游戏的过程中，能够获得成功的喜悦，进而满足自身的自尊感。具体对于 RPG 游戏而言，青少年通过游玩 RPG 网络游戏的体验，既能够有效满足他们的新鲜感，同时也能够使他们通过网络游戏的时间积累，使自身所扮演的角色不断变强。无论是与队友合作打通一个"副本"，抑或是与敌人进行"PK"并杀死敌对玩家，都能够在为青少年群体带来刺激体验的同时，带给青少年群体成功的喜悦。而对于 DOTA 类网络游戏而言，其节奏更为紧凑，在规定的电子竞技规则中，青少年群体需要与队友进行积极的配合，从而赢得比赛，这样的过程更加能够带给青少年群体成功的喜悦以及成就感。

由此我们可以看出，网络游戏对于青少年的吸引，最主要的因素是网络游戏能够带给青少年群体成功的喜悦，从而进一步满足青少年群体自尊、自信的需求。在青少年群体游玩网络游戏的过程中，通过自身的努力获得他人的认可，无疑能够有效满足青少年获得他人认可的需要，从而使得青少年更乐于参与网络游戏的过程。

（二）网络游戏能够有效满足青少年群体的自尊需求

青少年群体在现实生活中一般都充满了自尊心，但是由于现实生活的局限性，他们往往不会受到外部社会的过多重视，而网络游戏恰恰能够满足青少年群体的自尊需求，使得很多青少年沉溺在网络游戏的虚拟环境中，逐渐影响了他们正常的生活、学习、发展进度。

在网络游戏的过程中，青少年群体能够通过游戏中获取的成就，被更多网友所认可，从而有效满足青少年群体在现实生活中难以实现的自尊感需求，导致更多的青少年沉迷于网络游戏之中无法自拔。在 RPG 游戏过程中，青少年群体所扮演的角色往往在"剧情"的引导下，完成 NPC 赋予的一项项任务，从而达到拯救世界等卓越成就，促使青少年群体的自尊感以及自信心不断加强。而在 DOTA 类网络游戏的过程中，青少年群体能够通过与队友的有效合作，最终实现一场对战的胜利，也能够有效地满足青少年群体的自尊需求。

总体而言，网络游戏为青少年群体提供了在现实生活中往往无法满足的自尊心与自信心需求，使青少年在虚拟的游戏空间中获得更多的认可，从而促使更多的青少年参与网络游戏，也导致很多青少年沉迷于网络游戏世界中无法自拔。

（三）网络游戏能够帮助青少年群体缓解压力

网络游戏由于具体的游戏定位分类不同，体现出了游戏节奏性的差异，一些轻松舒缓的网络游戏，注重帮助玩家缓解日常生活中的压力，以此吸引了大量的青少年玩家。而青少年玩家在游玩这些"减压类"游戏的过程中，逐渐放松了身心，对于青少年的心理健康发展具有一定的积极作用。

随着时代的发展，青少年群体所需要面对的日常生活、学习压力逐渐增大，而通过网络游戏的途径，能够有效帮助青少年群体缓解来自生活、学习乃至工作中的各种压力，从而起到相应的娱乐调剂作用。

在青少年通过网络游戏缓解压力的过程中，主要游玩的是一些休闲小游戏或者是集换式卡牌游戏，通过并不紧张的游戏节奏，在以休闲为主的游戏过程中，适度地缓解自身压力。在通过休闲小游戏或者是集换式卡牌游戏缓解青少年压力的过程中，一般的青少年不会出现"网络游戏成瘾"的现象，而是更多地将休闲小游戏以及集换式卡牌游戏作为调节自己身心压力的"调剂品"，从而在产生现实生活需要的时候，能够及时放下网络游戏，进行自身现实生活的努力。对于网络游戏帮助青少年群体缓解压力的作用，我们应以积极的视角加以看待，并不是所有网络游戏都会使青少年群体沉迷其中而无法自拔，青少年适当地进行网络游戏，能够在缓解自身生活、学习乃至工作压力的基础上，更好地促进在现实生活中的发展。

二、青少年群体通过网络游戏实现追求

（一）青少年通过网络游戏实现强大自我的追求

现实生活中，任何人想要获得相应的成功，都要通过不懈的努力。而网络游戏的虚拟环境，可以使青少年群体在短时间内获得"强大自我"的体验，从而利用紧张、刺激的网络游戏过程，为青少年群体带来虚拟世界中的精神满足。

在 RPG 网络游戏的开展过程中，青少年群体需要扮演相应的角色，进行相应的游戏体验。青少年所扮演的网络游戏角色，能够在"杀怪升级""获取装备"等过程中不断变强，从而为青少年群体带来"强大自我"的感受。通过 RPG 游戏，青少年群体所扮演的角色将会不断变强，而想要变得更强，则需要进行相应的资金投入，由此引发了青少年群体在 RPG 游戏中过度消费的现象，使青少年群体将大量的资金浪费在虚无的网络游戏之中。

在青少年群体"强大自我"的追求影响下，他们要么通过长时间的 RPG

游戏过程促使自身所扮演的角色变得更强，要么就利用大量资金投入的方式促使自身所扮演的角色变得更强。这导致青少年群体在网络游戏成瘾的背景下，既浪费了大量的时间，同时也损失了大量的金钱，最后只能够得到网络游戏中虚无缥缈的慰藉。面对这样的现象，我们应积极倡导青少年群体适度地参与网络游戏，不要投入过多时间，也不要投入过多金钱，要正确地认识网络游戏的价值，从而促使青少年不再通过网络游戏追求"强大自我"。

（二）青少年通过网络游戏实现团队合作的追求

青少年群体对于社会交往的需求，使他们希望能够认识很多志同道合的朋友，从而在与朋友的合作过程中，实现现实生活的发展需要。而在以 DOTA 类网络游戏为代表的网络游戏开展过程中，青少年玩家需要通过团队合作的游戏方法获得最终的胜利，这一点无疑满足了青少年内心中渴望团队合作的心理需求。

在 DOTA 类网络游戏中，青少年群体需要在角色扮演的基础上，与团队的队友进行有效的配合，从而通过配合战斗的形式，赢得一场 DOTA 类网络游戏的胜利。在青少年参与 DOTA 类网络游戏的过程中，能够实现自身对于团队合作的追求，从而在团队合作的过程中获得相应的满足感。

很多青少年在相应的 DOTA 游戏中都有固定的队友，甚至加入了相应的"战队"。通过与固定队友合作的过程，不断完善与固定队友的默契程度以及配合效率，从而更加有效地提升青少年群体参与 DOTA 网络游戏的胜率。

青少年群体团队合作的追求本无可厚非，在 DOTA 类网络游戏中，也确实能够培养青少年群体的团队合作意识。但是，青少年群体要注意适度参与网络游戏，通过适度的游戏，既满足了自身团队合作的追求，也能够不耽误青少年群体日常生活、学习乃至工作的开展。

（三）青少年通过网络游戏实现休闲娱乐的需求

网络游戏开发的最初目的，就是满足玩家休闲娱乐的需求。但是，随着网络游戏玩家基数的不断增长，网络游戏开发商在网络游戏中设置了大量的消费内容，使得网络游戏成为一种商业化的产品。青少年适度参与网络游戏，能够在健脑的基础上，实现休闲娱乐的需求。只要把握好参与网络游戏的"度"，青少年适度参与网络游戏也是可以被认同的。

与此同时，很多以休闲娱乐为特点的小游戏，对于青少年群体也同样具有舒缓身心、消解压力的积极作用。这些小游戏主要在手机 APP 中运营，如"连连看""对对碰"等。青少年群体在接触这些以休闲娱乐为主的手机 APP 小游戏的过程中，一般不会沉迷于其中，只是将这些手机 APP 小游戏看作自身休闲娱乐的一种"调剂品"，所以在玩游戏的过程中，不会影响现实生活、学习乃至工作。

三、青少年群体网络游戏沉迷现象研究

（一）青少年群体沉迷网络游戏已经成为社会问题

青少年群体由于缺乏自我约束能力，在参与网络游戏的过程中往往会出现沉迷网络游戏的现象，并且这种现象已经发展成为一项严峻的社会问题。网络游戏充满了刺激和诱惑，对于青少年群体具有巨大的吸引力，如何帮助青少年群体避免陷入沉迷网络游戏的误区，需要教师、家长与全社会进行共同的探讨。

对于青少年沉迷网络游戏的原因而言，"一方面，青少年正在经历巨大的身心变化，这表现在他们的身体发育、认知成熟、心理社会性成熟等方面。另一方面，互联网建构的虚拟空间为人们的心理世界提供了奇异的心理特性：视觉匿名、文本沟通、空间穿越、时序弹性、地位平等、身份可塑、多重社交、存档可查。这些特性使得互联网用户在互联网上的心理与行为或是通过互联网表现出的心理与行为，有了很多似曾相识又仿佛雾里看花的特征。如此种种也会表现在青少年玩网络游戏的过程中。"[①] 由此可见，青少年群体网络游戏沉迷的现象发生的根源，是网络游戏带给青少年群体心理上的满足感，从而促使青少年群体沉迷于网络游戏之中无法自拔。

青少年群体沉迷网络游戏的现象，已经成为一个社会问题。对于沉迷于网络游戏的青少年，教师与家长需要对其进行科学的引导，引导他们认识到网络游戏只是日常网络娱乐生活中的一种"调剂品"，从而促使沉迷网络游戏的青少年群体逐渐走出沉迷网络游戏的误区。

（二）青少年沉迷网络游戏带来的负面影响分析

任何事都有一个"度"，如果过度就会产生相应的负面影响。在青少年心理健康教育的过程中，家长与教师需要为青少年明确过度沉迷于网络游戏的危害性，促使青少年群体正确把握参与网络游戏过程中的"限度"，从而避免由

---

① 雷雳，张国华，魏华.青少年与网络游戏 一种互联网心理学的视角 [M].北京：北京师范大学出版社，2018：3.

于沉迷于网络游戏而危害自身身心健康。

对于青少年沉迷网络游戏带来的负面影响而言，首先，牵扯了青少年群体的大量精力，浪费了他们本该利用在生活、学习乃至工作中的时间。既对青少年群体的精神是一种消耗，也对青少年群体的时间是一种无谓的浪费。其次，在青少年沉迷于网络游戏的过程中，他们往往会"不惜血本"地在网络游戏中"充值"，从而达到使自身所扮演的角色更为强大的目的。这样无谓的资金投入，浪费了青少年群体的大量金钱，甚至影响了青少年群体的家庭生活，对此我们应当给予高度的关注。最后，青少年群体沉迷网络游戏的现象还会使青少年群体产生现实生活中的"社交恐惧感"，习惯利用网络沟通交流的途径与网友进行社交，而现实生活的正常社会交往能力逐渐减退，并惧怕开展现实生活的正常社会交往。长此以往，会使沉迷于网络游戏的青少年逐渐产生自闭的心理问题。

（三）避免青少年沉迷网络游戏的教导途径探究

青少年沉迷网络游戏既是一个严峻的教育问题，同时也是一项亟须解决的社会问题。通过家长与教师的心理健康教育，利用有效的途径，引导青少年正视网络游戏的价值，避免其沉迷游戏而影响自身的正常学习、生活、发展，从而使青少年获得一个健康的成长环境。

青少年沉迷于网络游戏的问题，应当引起社会、家长、学校的共同关注，使更多的青少年避免踏入沉迷于网络游戏的泥潭，而促使更多已经沉迷在网络游戏中的青少年尽快地走出沉迷网络游戏的阴影。

对于避免青少年沉迷网络游戏的具体教导途径而言，首先，应为青少年树立积极、正面的兴趣爱好，以此转移青少年群体对于网络游戏的注意力。例如，组织青少年开展篮球、游泳等体育运动，促使他们在转移对于网络的注意力的同时，形成更为健康的体质。其次，家长与教师应当帮助沉迷于网络游戏之中的青少年，正确地认识网络游戏只是现实生活中的一种"调剂品"，而绝非青少年群体现实生活的全部，从而有效地引导青少年自主自觉地减少自身游玩网络游戏的时间，并利用更多时间开展现实的社会交往以及学习活动。最后，国家的网络监管部门，出台了针对未成年人的"网络游戏防沉迷"政策，基于"网络游戏实名化"的基础，有效地限制了未成年人游玩网络游戏的时间，从而在政策和技术角度更好地预防未成年人沉迷于网络游戏之中。

第三节　虚拟人际：情感满足与补偿

一、虚拟人际关系下青少年的情感满足

（一）青少年群体希望在虚拟人际关系下找到共鸣

在马斯洛的需求层次理论中，渴望获得尊重是一种重要的人类发展需求。对于青少年群体而言，他们对于外界的尊重与赞赏更为敏感，而现实世界中人们对于青少年的尊重与赞赏往往是有限的，因此，青少年群体希望在虚拟的人际关系中找到共鸣、获得尊重。

随着网络信息变迁时代的到来，在当今的社会背景下基于网络技术的虚拟人际关系，已经成为一种不可替代的人际关系类型，对于青少年网络生活与现实生活产生了弥足深远的影响。

在虚拟人际关系的引导下，青少年更加渴望通过网络交流，找到相应的情感共鸣，从而有效获得情感满足。青少年群体因为其思维正处于活跃期，往往有很多独特的想法与观点，在现实中这些独特的想法与观点往往得不到共鸣，那么，青少年群体就会在网络的虚拟人际关系中，寻找他人对于自身独特的想法与观点的共鸣。我们对于这种青少年通过虚拟人际关系实现情感满足的方式，不能简单地评价其对错。青少年通过虚拟人际关系获得感性共鸣，也对于青少年的自信心树立具有积极意义；而青少年通过网络途径表达自身独特的想法与观点的过程，也可以被视为一种思想观念的网络传播。

总而言之，青少年群体希望在虚拟人际关系下找到共鸣的现象，体现出青少年群体对于虚拟人际关系的依赖感，利用建立在虚拟人际关系基础上的思想共鸣，从而满足自身的情感需求。

（二）青少年渴望在虚拟人际关系下获得认同

与青少年群体希望在虚拟人际关系下找到共鸣相类似的是，青少年渴望在虚拟人际关系下获得认同。青少年群体往往对于外界的评价十分在意，渴望得到他人的认同。由于网络虚拟社交具有开放性的特点，青少年群体更加乐于在网络虚拟人际关系的基础上展现自身的才华与天分。得到虚拟网友的认同，更加能够满足青少年群体渴望获得他人认同的心理需要。

在虚拟的网络人际关系的背景下，各种思潮只要不违反法律与社会公德，那么，就会受到特定受众群体的认同。对于思想活跃的青少年而言，他们更加渴望通过虚拟人际交往的过程，分享自身现实生活中的成功喜悦，提出具有个性化的理论观点，从而获得更多网友的认同。

在青少年群体渴望在虚拟人际关系下获得认同的基础上，他们会有意识地在网络上包装自己，突出自身独特的特点，从而引起更多网友的关注。基于这种思想，很多青少年群体甚至开设了相应的"自媒体"账号，在"新媒体"平台上展示自身特立独行的个性，从而在引发更多网友关注的基础上，有效地满足了这些青少年群体渴望获得认同的情感需要。对于这种青少年群体在虚拟人际关系下寻求认同的现象，我们应予以充分的包容与理解。只要青少年在博取他人认同的过程中不触犯相应的法律法规，不违背社会公德，那么，他们这种在虚拟人际关系下寻找认同的方式也是可以理解的。

（三）青少年期盼在虚拟人际关系下遇到爱情

随着网络虚拟人际关系的不断演化，"网恋"已经成为一种常见的网络虚拟人际关系。通过现实生活中彼此并不相识的两个网友开展"网恋"，能够使青少年群体有效获得对于懵懂爱情的满足感，从而吸引了大量的青少年参与到"网恋"的虚拟社交过程中。

对爱情的渴望是青少年群体达到一定年龄以后，会自然产生的一种思想情感，很多青少年群体都期盼在虚拟人际关系下遇到爱情。在虚拟的网络空间里，异性间的交往往往能够更为直接，虽然彼此不了解对方，但是一旦拥有了共同的兴趣爱好或者共同话题，网络间异性交往的密切性就会直线上升，乃至于发展到"网恋"的程度。对于青少年"网恋"的是非对错我们不便加以评判，但是必须提醒期盼"网恋"与正在"网恋"的青少年，在"网恋"过程中可能潜藏着各种陷阱。如果青少年不小心踏入这些"网恋"陷阱，则会蒙受经济与情感的双重损失。

总体而言，青少年对于爱情的期盼是正常的，而这种对于爱情的期盼一旦在虚拟人际关系中实现，就需要青少年群体加倍谨慎与注意，不要掉入有心人设计的"网恋"陷阱之中，而应在现实生活中积极寻求自身的爱情。

二、虚拟人际关系下的网络经济链

（一）虚拟人际关系下的"新媒体"经济链

随着互联网商业价值的不断发展，当今社会已经形成相应的互联网商业体系。国内外各大互联网运营商对于互联网商业价值的挖掘不断深入，从而促使互联网经济呈现出高速发展的现象。而这种互联网商业现象的主要体现，就是建立了相应的互联网经济产业链。

在虚拟人际关系下，"新媒体"经济链成为我国互联网经济发展的新产能、新动能，并有效地满足了网络媒体平台信息传播的需要，利用各种"新媒体"形式，构建起了基于虚拟人际关系的高质量经济产业链。

在各种层出不穷的"新媒体"平台的推动下，越来越多的青少年会根据自身的兴趣与爱好，去关注相应的"新媒体账号"，从而定期收获相应的"新媒体"信息。并且青少年群体能够对于"新媒体"信息进行点赞、评价、互动与转发，从而促使"新媒体"信息在虚拟人际关系下，获得了更为广泛的传播范围与更大的传播价值。

（二）虚拟人际关系下的"网络直播"经济链

从广义范围上来讲，"网络直播"泛指通过网络信息视频直播的媒体传播方式；而从狭义范围来讲，"网络直播"是"网络主播"通过自主架设直播设备与"网络直播"受众人群展开的"网络直播平台"经营性活动。在这里，我们主要讨论狭义范围的"网络直播"。

青少年群体出于好奇心理，成为"网络直播"的主要受众人群。青少年通过观看"网络直播"的过程，能够使其在虚拟的网络环境下，与网络主播以及其他网友展开充分的互动，从而满足青少年的社会交往心理需要。然而，随着"网络直播"的商业化发展，其中充满了利益的陷阱，青少年群体一旦沉迷其中，很可能遭受相应的经济损失。

（三）虚拟人际关系下的"短视频"经济链

在当代的青少年群体中，很多青少年一旦有了空闲时间，就会拿出手机去刷"短视频"，使得"短视频"这种互联网传播形式在青少年群体内获得了广泛的认可与支持。青少年群体对于"短视频"的青睐，体现出青少年群体好奇心强的特点，使各种"短视频"的发布者纷纷绞尽脑汁增加自身"短视频"的猎奇性，从而吸引更多用户的关注。

"新媒体"平台逐渐由以文字为主的信息发布内容，转变到现在以"短视频"为主打的运营模式。"短视频"经济链已经形成并实现高速发展，在近年来占据了大量的"新媒体"平台市场份额，从而也为社会创造了更多的经济价值，以及有效缓解了社会就业压力。

三、虚拟人际关系下的青少年情感补偿

（一）虚拟人际关系下的青少年认同感补偿

虚拟的网络人际关系为青少年群体构架起一个基于网络虚拟环境的社会交往圈子，能够在一定程度上满足青少年群体的人际交往需求。而通过虚拟人际关系获得认同，则是青少年群体参与虚拟社交的主要目的，使青少年群体能够通过网络虚拟社交，满足自身得到尊重、获得认同的心理发展需要。

在现实生活中，很多青少年群体得不到同伴的认同，继而将渴望得到认同的心态在虚拟人际关系下进行实现。在青少年的虚拟人际关系的建立过程中，他们会在各个网络媒体平台寻找与自身具有相同和相似观点的网友，从而实现虚拟人际关系下的相互认同与相互理解。

具体而言，渴望得到认同是青少年群体的普遍"共性"。当他们在现实生活中难以得到认同之时，就会通过虚拟人际关系获得认同感的补偿。这样的认同感补偿过程，使一些青少年群体沉溺于网络人际交往之中不能自拔；同时，也鼓励了另一部分青少年群体重新找回了对现实生活的信心。我们无法简单地评价青少年群体在虚拟人际关系下获得认同感补偿的对错，但是希望相关的青少年群体在通过虚拟人际关系得到认同感的补偿之中，重新将自身的精力放在现实的生活、学习乃至工作过程中，从而有效地帮助青少年群体提升生活、学习乃至工作的质量。

（二）虚拟人际关系下青少年的挫折感补偿

基于互联网技术构架的虚拟人际关系，能够为青少年带来现实生活之外的情感慰藉，促使青少年群体通过虚拟社交的过程，弥补在现实生活中的种种缺憾，从而有助于青少年群体将通过虚拟社交中获得的自信心，应用于现实生活中，帮助青少年群体实现现实生活的心理健康发展。

一些青少年在现实生活中遇到挫折之时，就会通过虚拟人际关系寻求对于挫折感的补偿，从而重新找回生活的信心。虽然这样的挫折感补偿模式是建立在虚拟人际关系之下的，但是对于青少年抗挫折能力的发展与提高具有积极的意义与价值。

具体而言，这样的挫折感补偿模式对于承受挫折的青少年群体具有积极的心理促进作用。在经受挫折的过程中，很多青少年群体对于生活中的朋友以及家人，难以启齿自身经受挫折与失败的原因，而面对虚拟人际关系下的网友，他们就能够言无不尽地开展挫折感心理倾诉，从而通过虚拟人际关系下的网友

的安慰，使自己重新获得生活的信心。与此同时，青少年群体在经受挫折，寻求虚拟人际关系下网友的慰藉的过程中，能够有效地提升自身的抗挫能力，不断提高自身性格品质的韧性，从而在当前的生活、学习，乃至今后的工作、发展过程中，能够用更为坚韧的抗挫折能力承受来自各方面的压力，促使青少年群体迎难而上，不断取得生活的成功。

（三）虚拟人际关系下青少年的失落感补偿

青少年群体网络虚拟人际关系的建立，能够使青少年群体获得社交范围的快速拓展；而青少年能够通过与网友之间的虚拟交流，共享自身的喜悦与失望、伤心与满足，从而在虚拟世界中寻找到更多的情感共鸣者与认同者。

与青少年群体在虚拟人际关系下获得挫折感补偿类似的是，青少年群体在虚拟人际关系下也会获得失落感补偿。所谓失落感，并不代表必须经受过相应挫折才能够出现，在青少年的日常生活、学习与发展过程中，很多心理脆弱的青少年群体都会经常性地产生失落感。而通过虚拟人际关系下的失落感补偿过程，能够使这些具有失落感的青少年群体获得相应的心理满足，从而逐渐走出失落的阴影。

在青少年群体通过虚拟人际关系下的失落感补偿过程中，常常通过转移注意力的方式补偿自身的失落感。例如，和虚拟人际关系下的网友一同玩游戏，或者让虚拟人际关系下的网友推荐给自身一些热门歌曲，等等。利用虚拟人际关系下转移注意力的途径，既能够促使具有失落感的青少年群体获得网友的重视，也能够及时帮助具有失落感的青少年将自身的注意力从失落感转向其他方面。可以说，对于青少年的心理健康发展具有一定的积极作用。

第四节 网络学习：时空跨越与多元互动

一、"后疫情时代"，中国青少年网络学习的发展

（一）突如其来的新冠肺炎疫情使网络学习得到全面普及

2020 年初，我国爆发了新冠肺炎疫情。为了有效阻断新冠肺炎疫情传播渠道，我国各大中小学全部采取了"停课休学"的方式加以应对，而在"停课不停学"理念的倡导下，我国各大中小学均利用"网络在线教学"的模式，来完

成相应的教学任务，从而促使网络学习在我国的各大中小学内实现了广泛而又全面的普及。

"新冠肺炎疫情"必然是灾难性的，但是，从侧面促进了我国各大中小学的"网络教学"的普及，促使我国各大中小学都根据院校自身的办学特点，积极开展对于"网络课堂"的建设，促使我国各大中小学校学生都能够通过"网络学习"的途径开展信息化、自主化、在线化的网络学习，从而将"网络学习"提升到了一个前所未有的高度。

在当今"后疫情时代"的背景下，我国各大中小学校继续保持"网络在线教学"的优势，实行了"网络在线教学"与"课堂教学"并重的线上、线下结合教学的方法，从而在根本上提升了我国各大中小学的教学质量。对于"后疫情时代"的青少年心理健康教育而言，通过基于网络媒介的心理健康教育，能够有效地拓展青少年心理健康教育的传播价值，促进青少年群体更加便捷地接受教师的在线心理健康辅导，从而充分体现出网络心理健康教育的独特优势。

（二）"后疫情时代"，各大中小学校继续保持网络教学优势

在当今的"后疫情时代"背景下，我国的各大中小学校，继续保持网络教学优势，不断创新网络教学方法，形成了一套以线下课堂教学为主，线上网络教学为辅的线上、线下结合的教学模式，从而从根本上提升了我国各大中小学的教学质量。

在"停课休学"期间，"停课不停学"的网络教学经验在当今的"后疫情时代"仍然具有重要的指导性作用。我国各大中小学在经历了新冠肺炎疫情之后，充分地借鉴了疫情期间的网络教学经验，有效地根据院校自身的定位特点，开展了形式各异的网络教学探究，并且提出了各具特色的"后疫情时代"网络教学方案，从而在当前及今后的大中小学教学过程中，继续保持网络教学的优势，促进网络教学常态化发展，并积极促进线上、线下结合的教学模式的完善，从而在整体上达到了全面提升我国大中小学教学能力，特别是网络教学能力的积极作用。

在"后疫情时代"的青少年心理健康教育过程中，一方面，教师需要继续发挥"网络在线教学"的优势，将心理健康教育利用互联网途径有效地进行拓展及提升；而另一方面，需要家长有效利用家庭教育的优势，充分配合教师的心理健康教育，从而使青少年的心理健康水平不断获得提升。

（三）"后疫情时代"，有效促进了网络教学技术与理念的发展

在当今的"后疫情时代"，网络教学技术与理念得到了快速的发展与普及。通过网络教学技术的不断完善，有效提升了网络教学的教学效果；与此同时，网络教学与线下课堂教学并重的线上、线下结合的教学理念深入人心，在我国各大中小学校中得到了有效的普及与完善，正在发挥着日益重要的教育作用以及教育价值。

对于网络教学技术而言，我国各大中小学教师经过了"停课不停学"阶段的锻炼，有效地提升了微课视频软件制作能力、PPT导学幻灯片制作能力，同时，对于网络教学的架设途径开展了多元化的探索。既可以通过网络教学平台开展网络教学的链接，也可以利用远程视频会议软件开展网络教学的链接，形成了网络教学渠道多元化发展。

而对于网络教学理念而言，我国各大中小学教师已经充分地认识到网络在线教学的重要性，并且会在"后疫情时代"的长期教学开展过程中，积极发挥网络教学优势，有效地构建线上、线下结合的新型教学体系。

在"后疫情时代"的网络心理健康教育过程中，一方面，需要教师有效加强自身的网络教学能力，为学生提供更加利于学习、便于接受的网络心理健康教育课程；另一方面，需要教师有效完善心理健康教育理念，充分发挥网络心理健康教育的优势，不断拓展青少年心理健康教育的功能性。

二、通过网络学习有效提升青少年学生的自主学习能力

（一）利用"微课教学"发展青少年学生的自主学习能力

微课（Microlecture），是指运用信息技术，按照认知规律，呈现碎片化学习内容、过程及扩展素材的结构化数字资源。"微课内容精练、学习方便、制作周期短，应时而需，敏捷、新鲜，又能针对特定应用场景，成为人们在传统学习外的一种重要补充，所以很快风行起来。"[1] 在开展"微课教学"的过程中，教师首先需要制作"微课教学视频"，由教师作为"微课教学视频"的主持人，然后利用自身的教学引导画面或者是画外音对于关键知识点进行讲解。一般的"微课教学视频"时间限制在10分钟以内，集中介绍一个关键知识点，以便于学生的理解与记忆。

在教师完成"微课教学视频"的制作之后，能够通过网络媒介将"微课教

---

① 唐绪莹，熊洁.微课 快学、快用、快设计[M].北京：机械工业出版社，2017：3.

学视频"发放给学生，由学生基于相应的"微课教学视频"展开自主网络学习。通过这样的途径，能够更好地提升青少年学生的自主学习能力，促进青少年学生在主动的网络学习的基础上，掌握"微课教学视频"中的关键知识点，从而达到有效提升网络教学质量的效果。

具体在青少年心理健康教育领域，将"微课教学"与青少年心理健康教育进行有机融合，是一种新颖的青少年心理健康教育的尝试。青少年通过浏览教师制作的心理健康教育"微课"视频，能够足不出户地获取心理健康知识，促进青少年了解更多的心理健康常识，从而为网络信息变迁时代下的青少年心理健康教育拓展出新的途径。

（二）利用"翻转课堂"教学提升青少年学生的学习效果

"翻转课堂"教学模式是一种以能力为主导的高效教学模式。在"翻转课堂"的教学体系中，首先，由教师根据学生的具体学习需求进行"微课"教学视频的制作，并在课前通过互联网将"微课"教学视频发送给学生，组织学生利用课前时间通过对"微课"教学视频的观看，完成课前自主学习任务。在学生完成了课前自主学习后，教师需要引导学生总结学习问题，并在之后的课堂教学中，为学生们集中解决学习问题。在"翻转课堂"教学的课后，教师还能够利用互联网师生交流的过程，帮助学生巩固所学知识，从而确保"翻转课堂"教学的效果。

通过"翻转课堂"教学模式的有序开展，能够在提升青少年学生网络自主学习积极性的基础上，有效将线上、线下的教学过程合二为一，使学生在参与"翻转课堂"的学习过程中，既能够有效发挥网络自主学习的优势，同时又能够在线下的课堂教学过程中有效开展自主、合作、探究学习，从而为学生带来良好的学习效果。

"翻转课堂"教学模式对于青少年心理健康教育同样适用，通过青少年的线上自主学习过程，促使青少年了解相应的心理健康知识；再利用线下课堂教学的过程，帮助青少年解答相应的疑问和困惑，能够有效提升青少年心理健康教育的质量。

（三）利用"在线名师课堂"使青少年学生获得优质学习资源

"在线名师课堂"是由大中小学教育领域中的优秀教师发起，定时定点地开展的"直播式网络在线教学"。通过"在线名师课堂"的有效开展，能够使青少年学生获得更为优质的学习资源，从而进一步提升青少年学生群体的网络学习质量。

在"在线名师课堂"的开展过程中，相应的网络教学名师会在固定的网络教育平台定时开展在线直播教学，使学生能够获得与课堂教学相类似的学习体验。在学生参与"在线名师课堂"的学习过程中，遇到学习中的困惑或者疑问，还能够在线请教网络教学名师，利用网络师生互动的过程，有效地解决学习中的困惑以及疑问，从而更有效地提升"在线名师课堂"的网络教学效果。

对于当前的"在线名师课堂"发展现状而言，越来越多的教育领域名师参与到了"在线名师课堂"的网络教学过程中，教学的范围覆盖了基础教育的全部领域，并对高等教育的部分学科也有所涉猎。相信在未来的发展过程中，"在线名师课堂"教学模式一定会得到更为广泛的推广。

在未来的青少年心理健康教育领域中，"在线名师课堂"这种教育模式将会逐步的普及，由富有经验的心理健康教育教师通过网络授课的途径，帮助青少年了解心理健康常识，并能够通过名师与青少年的在线交流，为青少年提供具有针对性的心理健康指导意见，从而使青少年群体获得更为显著的心理健康发展。

三、通过网络学习有效提升青少年学生的学习效率

（一）努力培养青少年学生的网络自主学习积极性

网络自主学习是教育技术现代化充分发展的产物。通过网络自主学习的教育途径，能够有效拓展传统课堂教学的教学空间，促使青少年学生获得更为便捷高效的学习体验感，从而从根本上提升学校教育的教育效果。

在网络学习理念深入人心的背景下，院校教师应努力培养青少年学生的网络自主学习积极性，充分帮助青少年学生认识到在学习过程中，计算机、互联网技术的"工具性"价值，促使青少年学生以更为积极主动的姿态，有效地参与到各种各样的网络自主学习过程中，从而在提升青少年学生网络自主学习积极性的基础上，有效促进青少年学生的网络自主学习效果。

具体而言，对于青少年学生的网络自主学习积极性的培养，首先，应当帮助青少年学生有效了解网络自主学习的关键性意义与重要价值，促使青少年学生在产生主观认同的基础上，有序地开展网络自主学习。其次，教师还需要帮助青少年学生解决各种各样的网络自主学习问题，使青少年学生能够在有效提升网络自主学习软件、硬件应用能力的基础上，掌握完善的网络自主学习能力，从而为青少年学生当前的学习乃至今后的发展，奠定关键性的网络自主学习能力基础。最后，教师还应当积极地参与青少年学生网络自主学习过程中的

师生互动，利用在线教学指导的方式，有效帮助青少年学生提升网络自主学习的能力及效果。

（二）利用网络教学过程引导青少年学生整体提升学习质量

在网络教学有效开展的背景下，教师应利用网络教学过程引导青少年学生整体提升学习质量。对于学生而言，在线的网络教学往往需要与线下的课堂教学相结合，才能够有效地体现出线上、线下相结合的教学模式的优势。通过在线网络教学与线下课堂教学相结合的教学方式，能够促使青少年学生在提升网络在线自主学习能力的基础上，充分利用线下课堂学习中的自主、合作、探究学习，有效完善自身的知识体系，使自身的知识掌握能力与知识运用能力协同提升。

为了更好地体现出线上、线下相结合的教学模式的优势，教师应积极统筹线上、线下教学资源，基于学生的线上网络自主学习，引导学生建立线上网络学习的基础；并且注重线下课堂教学的自主探究学习、小组合作学习、研究性学习等教学模式的运用，促使学生能够真正地将由线上网络学习所习得的知识，转变为自身的内在品格与外在能力，从而实现青少年学生整体提升学习质量的目的。

在青少年心理健康教育领域，通过网络教学的过程，能够使青少年对于心理健康领域的相关学习提起更高的学习兴趣。与此同时，教师还可以利用网络交流的途径，更为准确地把握青少年的心理健康发展动态，从而有效促进青少年心理健康教育质量的提升。

（三）倡导青少年群体积极开展更为广泛的课外网络自主学习

在广大青少年开展网络学习的过程中，网络学习的内容不应仅仅局限于院校教育所必修的知识，而是应扩展到更为广泛的课外网络自主学习，促使其不断丰富知识见闻，有效习得关键能力，从而更好地促进我国的青少年群体实现全面发展。

青少年群体的课外网络自主学习，要在合法以及符合社会公德的基础上，根据自身的兴趣爱好特点以及学习阶段特点，在众多类型的网络教学资源中，遴选出适合自身学习、自身发展、自身感兴趣的课外网络自主学习内容。通过课外网络自主学习，不断丰富自身的内在知识储备，提升自身的外在知识运用能力以及学习能力，从而有效获得良好的课外网络自主学习成效。此外，在青少年开展自主课外网络学习的过程中，还能够协同同学或同伴，进行共同的学习，从而在有共同兴趣爱好，并相互学习促进的基础上，更好地为青少年群体培养友情，促进青少年群体的社会交往能力的发展。

对于青少年心理健康教育领域而言，教师可以将相关的心理健康知识，整理成为相应的网络自主学习课件，以供青少年开展课外心理健康学习使用。青少年的课外网络心理健康学习，不仅对于青少年的健康发展具有积极的促进作用，还能够使青少年获得网络自主学习能力的提升，从而实现更为显著的心理健康教育效果。

第五节　信息流：关注与利用

一、信息流的本质研究

（一）信息流的定义

信息流有广义和狭义两种。广义的信息流指在空间和时间上向同一方向运动过程中的一组信息，它们有共同的信息源和信息的接收者，即由一个信息源向另一个单位传递的全部信息的集合。狭义的信息流指信息的传递运动，这种传递运动是在现代信息技术研究、发展、应用的条件中，信息按照一定要求通过一定渠道进行的。

在《信息安全辞典》中，对于信息流是这样定义的："随着社会的信息化和信息大量涌现，以及人们对信息要求的激增，信息流形成了错综复杂、瞬息万变的形态。这种流动可以在人和人之间、人和机构之间、机构内部以及机构与机构之间发生，包括有形流动和无形流动，前者如报表、图纸、书刊等，后者如电信号、声信号、光信号等。在社会经济生活中，随着商流、物流与资金流的分离，信息流的作用越来越重要，其功能主要体现在沟通连接、引导调控、辅助决策以及经济增值等方面。"[①] 由此我们可以将"信息流"的概念简单地理解为信息的流通与流动。

随着近年互联网环境的变迁，"信息流"逐渐与广告营销融合发展。"信息流广告有图文、图片、短视频等不同形式，具备原生广告的六大属性：媒介适配性、内容创意适用性、用户体验打扰度低、用户选择自由、内容价值、数据

---

① 王世伟，惠志斌.信息安全辞典 [M].上海：上海辞书出版社，2013：128.

管理能力。"①

信息流对于网络信息的传播，具有重要的带动作用。通过对于信息流信息的浏览和掌握，青少年群体能够加深对社会大环境的了解，从而促进青少年群体更好地实现知识见闻的增长与社会阅历的丰富。

（二）信息流的影响价值研究

在当代的网络信息变迁时代背景下，信息流就像网络资源的海洋，将各种网络信息汇聚到一起，并且通过信息的流通，有效实现各种特定的价值。当代社会也被称为"信息化"社会，而在信息化社会中，信息流是最为基本的信息流通途径以及信息传播方式。各种不同的人群，通过关注与自身相关的信息流，能够有效利用这些信息流促进自身的生活、学习、工作与长远发展，从而体现出信息化社会背景下，信息流具备的关键性作用。

信息流对于青少年的影响价值，既包括积极的方面，同时也包括消极的方面。就积极方面而言，青少年通过对于信息流的了解和掌握，能够有效获取社会领域中的焦点信息，促使青少年增进对于外部环境的了解；就消极方面而言，信息流中存在的大量"负面信息"，对于青少年的健康发展具有相应的负面影响，需要教师及家长予以关注。

对于当代青少年群体而言，信息流就如同指引他们生活与发展的航标，可以使青少年群体在知晓天下大事的基础上，有效地获取与自身相关的关键性信息，并且基于信息流的流动，有效获得积极正面的信息导向。与此同时，在互联网信息流的整体流动过程中，存在着很多"非法信息""垃圾信息""负面信息"，对于信息流的网络受众，具有十分消极的影响。当代青少年群体在接触信息流的过程中，要保持高度的警醒性，科学客观地分辨各种信息，从而使自己免受"非法信息""垃圾信息""负面信息"的影响，在信息流的大潮中时刻保持清醒。

（三）信息流对于青少年群体的引导意义分析

信息流是融汇了各主流媒体及非主流媒体的海量信息而形成的信息浪潮。在信息流的传播过程中，信息流对于青少年群体具有重要的引导意义。具体而言，信息流对于青少年群体的引导意义主要在于：传播正能量价值观、了解国家及世界发展动态、满足青少年群体正当兴趣爱好、促进青少年群体增长知识见闻等四个主要方面。

---

① 明学海．信息流广告实战 [M]．北京：清华大学出版社，2019：12.

对于传播正能量价值观而言，在当今我国的主流信息流中，其主题都是围绕着"实现中华民族伟大复兴的中国梦"而展开的。通过对正能量价值观的引导，汇聚中华青少年群体的"正能量"，从而促使中华青少年群体真正成为社会主义事业的建设者和接班人。

对于了解国家及世界发展动态而言，其信息流传播的形式主要是国内外新闻信息，青少年通过网络信息流的途径，能够轻松地获取和知晓国家以及国际上的大事，从而促使自身时刻紧跟外部形势而发展。

对于满足青少年群体正当兴趣爱好而言，青少年群体可以有选择性地在整体的网络信息流中，检索与自身兴趣爱好相关的信息，从而更好地促进自身兴趣爱好的发展。

最后，对于促进青少年群体增长知识见闻方面而言，青少年群体通过接触信息流，能够有效地实现扩充知识、增长见闻的目的，从而为自身奠定更为坚实的成长及发展基础。

由此可见，通过信息流的传播，能够对青少年的健康成长发挥出积极的引导作用。在青少年的心理健康教育过程中，教师及家长应当鼓励青少年接触正面的信息流信息，使其能够从信息流信息的获取过程中，获得对于成长与发展的正面促进。

二、青少年群体对信息流的关注

（一）青少年群体对信息流的关注特点分析

信息流是各方面信息汇聚起来的信息浪潮，而青少年既可以有选择性地接受对自身成长、发展有益的信息；同时，又可以有选择性地接受符合自身兴趣爱好特点的信息。总之，青少年在对于信息流的关注过程中，具有主动选择的权利。

在青少年群体的心理健康教育过程中，教师及家长要引导学生对于所关注的信息流信息进行了解，并且根据青少年所关注信息的特点，去指导青少年多多关注正面信息，同时避免青少年受到负面信息的侵害与腐蚀。

而对青少年群体对信息流的关注特点而言，一般青少年群体更乐于关注娱乐信息、体育信息与游戏信息等自身所感兴趣的信息，同时，大多数青少年也会关注国内外的重大新闻信息。对这样的青少年群体信息流关注特点，首先体现出了青少年对娱乐、文体、游戏等领域的高度兴趣爱好，其次，表现出了我国青少年群体关注国内外新闻大事的特点。在这样的青少年群体信息流关注特点基础上，既能够满足青少年群体的娱乐爱好需要，同时也有助于青少年群体知晓国内外的新闻大事，促进青少年群体的整体思维，与外部社会的发展协同进步。同时，也能够促使青少年随着外部环境的变化，及时获取最新的社会热点新闻，促使青少年群体足不出户地知晓天下大事。

（二）青少年群体对新闻信息流的关注

新闻信息是信息流传播的核心信息，青少年群体加强对新闻信息的关注，对他们的健康成长与发展具有诸多的促进价值。青少年在获取相关新闻信息的过程中，通常会选择性地关注自身感兴趣的新闻，使自身在丰富社会见闻的基础上，满足自身的兴趣爱好发展需要。

在青少年群体有选择性地关注信息流的过程中，青少年群体对新闻信息的关注程度不可忽视。在当今大部分的新媒体平台中，都会置顶"新华网""光明网"等主流新闻媒体发布的重要信息，青少年无论在何种新媒体平台，都能够简单地实现对国内外重大新闻信息流的关注。

青少年群体对国内外重大新闻信息的关注，能够使青少年群体在了解"天下大事"的基础上，更好地提升自身的使命担当意识，促进自身真正地成长为社会主义事业的建设者和接班人，促进青少年群体养成关心和关切国内外重大新闻的良好习惯，促使青少年群体在当前的生活、学习，以及今后的工作与长远发展过程中，时刻受到主流的正能量思想的影响，从而积极承担起自身的责任与使命，更加努力地生活与学习，抑或是促使已经步入职场的人更加努力地工作，从而有效地利用"正能量"的新闻信息流导向，带动和促进青少年群体的全面发展。

（三）青少年群体对娱乐信息流的关注

在我国青少年群体普遍关注新闻信息流的同时，他们对娱乐信息流的关注也同样不容忽视。当今的青少年群体娱乐爱好多种多样，在青少年群体关注娱乐信息流的过程中，也会带动娱乐媒体的"流量价值"，从而更好地促进我国娱乐媒体的健康发展。

就青少年心理健康教育领域而言，青少年适度地关注文体等方面的娱乐信息，能够帮助青少年提升文艺素养，满足青少年文体、娱乐需求。但是，青少年在关注文体、娱乐信息的过程中，一定要适度，避免过度"追星"。

三、青少年群体对信息流的利用

（一）利用信息流提升自身生活品质

青少年的心理健康成长，离不开对外部环境的了解。通过信息流的渠道，能够使青少年在对社会环境了解的基础上，促进青少年实现自身生活品质的提升，从而促使青少年有效利用信息流的信息，指导自身的现实生活。

在青少年群体普遍关注信息流的基础上，最主要的是对相应信息流的信息利用。而在青少年利用信息流信息的过程中，其根本的价值在于提升自身生活的品质。首先，青少年群体在关注新闻信息流的过程中，能够在知晓"天下大事"的基础上，更为明确祖国和社会对青少年群体的培养方向，促使其能够有效置身于"中华民族共同体"之中，不断为"中华民族的伟大复兴"而奋斗，对青少年群体具有关键性的思想建设作用。其次，青少年群体通过关注新闻信息流，能够有效促进他们的日常生活发展，根据新闻信息的内容，了解当代社会的普遍发展特点以及法律、道德风貌，使青少年群体能够正确分辨是非对错，从而更好地促进青少年群体朝向合法化、公德化的方向发展。最后，青少年群体在关注信息流的过程中，还能够有效地关注与自身生活、学习乃至工作发展密切相关的信息，促使青少年群体在知晓这类信息的基础上，更好地实现自身生活、学习乃至工作的高质量发展，从而进一步提升青少年的自身生活品质。

（二）利用信息流提高自身学习质量

在青少年利用信息流的过程中，利用关注学习类信息，提高自身学习质量的方法很值得我们重视。青少年在有选择性地关注信息流的过程中，可以针对自身学习的特点，重点关注相应的学习信息流，从而有计划、有步骤地通过网络学习关注的信息流，提升自身的学习质量。

在青少年群体关注学习类信息流的过程中，一方面是对学习经验类信息的关注。通过关注学习经验类的信息，能够使青少年从各位学长的身上，有效获取真实的学习经验，促使自身的学习过程"少走弯路"；而另一方面，青少年群体在对学习类信息流的关注过程中，更为关注相应的学习方法的信息。通过学习方法的创新与提升，能够直接为自己的学习发展提供积极的促进作用，从而使自己在掌握高效学习方法的基础上，有效利用这些高效学习方法提升自己的学习能力以及学习质量，最终促使自己获得学习领域的突破性进步。通过这样的青少年学习类信息流关注，能够在整体上提高青少年群体的学习积极性以及学习质量，从而有助于青少年群体在学习过程中取得成功。

在青少年心理健康教育领域，通过引导青少年关注心理健康教育信息，也能够有效地提升青少年的心理健康学习质量，使青少年了解信息流中丰富的心理健康常识，从而更好地为青少年的心理健康成长提供辅助和支持。

（三）利用信息流培养自身兴趣爱好

以青少年心理健康教育角度而言，拥有一项或多项兴趣爱好，对青少年的健康成长具有十分积极的促进作用。信息流的传播，能够使青少年通过对网络信息的浏览，培养自身健康的兴趣爱好，从而促进青少年的心理健康发展。

在青少年群体关注信息流的过程中，对自己兴趣爱好类信息流的利用具有十分积极的作用。青少年群体在具体关注某一项兴趣爱好的信息流过程中，能够根据自己的兴趣爱好特点，有选择性地关注自己所感兴趣的信息，从而在促进青少年兴趣爱好发展的基础上，更好地引导青少年发展自己的兴趣爱好及特长。

总体而言，青少年对信息流中自身兴趣爱好信息的关注与利用，能够促使他们更为主动地发展兴趣爱好与特长，从而在不断充实自我的基础上，更好地掌握其兴趣爱好领域中的关键信息，在提升青少年群体信息流利用率的基础上，促使青少年更好地通过对信息流的关注与利用，培养出积极健康的兴趣爱好。

第五章 网络信息变迁时代青少年心理发展常见问题

第一节 自我认知的失准

一、由于网络影响导致盲目自大

（一）由于网友的赞赏与认同产生自傲心理

自傲心理对青少年的心理健康成长具有一定的负面影响与作用。具有自傲心理的青少年，由于缺乏对自我认识的准确定位，常常出现各种由于自傲心理而引发的心理健康问题，使青少年在自傲中逐渐迷失自我。

在青少年群体由于网络影响而产生盲目自大的现象中，最为普遍的现象就是青少年群体由于网友的赞赏与认同产生自傲心理。在虚幻的网络世界中，青少年群体的一些言论与观点，常常能够获得网友的赞赏与认同，于是，这些青少年就会产生相应的自傲心理，从而在现实生活中也利用这样的自傲心理为人处世。因此，这些盲目自大的青少年常常由于自己的自傲心理在现实生活中处处碰壁。

这样的青少年由于受到网络影响而产生自傲心理，甚至是恃才傲物的现象，是典型的自我认知失准现象，对于青少年群体的健康发展极为不利。在帮助青少年群体纠正由于网友的赞赏与认同产生自傲心理的问题过程中，首先应使青少年群体认识到，网友的赞赏与认同并不等同于社会的赞赏与认同，不能由于网友的赞赏与认同而盲目自大。其次，我们还应让这些青少年群体认识到，即使自身具有异于常人的能力，也应当时刻保持谦虚的心态。

（二）将从网络中获得的虚拟自信心错误地转移到现实当中

在网络信息变迁环境下，青少年很容易在网络虚拟空间内获得他人的认可，继而形成相应的"虚拟自信心"。但是，青少年如果将自身的虚拟自信心转移到现实的生活环境中，就会造成青少年的自我认知失准，为青少年的现实生活带来相应的负面影响。

青少年群体很容易将通过网络交流或者是网络游戏产生的虚拟自信心转移到现实生活中，从而形成在现实生活中盲目自大的现象。对于这样的青少年而言，他们认为自身在网络虚拟世界所获得的成就，在现实社会生活中依旧具有巨大的价值。这促使他们在盲目自大的基础上，导致自我认知的失准。这样的现象在很多青少年身上都或多或少地存在，应当引起我们的重视。

对于青少年将从网络获得的虚拟自信心，错误地转移到现实当中而产生盲目自大的心理现象，教师及家长应当及时地加以纠正，促使这些将网络虚拟自信心错误地转移到现实生活中的青少年，有效地了解网络与现实生活的差别，有效地将网络的虚拟化世界与现实世界划清界限，对自身形成准确的自我认知定位，从而在当前以及今后的现实生活中，实事求是地开展各项社会生活活动，避免由于盲目自大而犯下错误抑或是带来相关的危害。

二、由于网络影响导致虚荣心过度

（一）受到网络拜金文化影响导致青少年虚荣心过度

虚荣心的过于强烈，对青少年的心理健康成长具有消极的影响。青少年的虚荣心过度，会导致他们进行盲目的攀比，并且形成"金钱至上""拜金心态"等心理问题，尤其是网络拜金文化的传播，更是对青少年的身心健康发展的一种严重阻碍。

在当今的网络环境中，拜金文化是一种消极的文化，部分青少年由于受到网络拜金文化的影响，出现了虚荣心过度的心理问题，促使他们通过各方面筹措资金，满足自身的虚荣心需要，同时也引发了"套路贷"以及"校园贷"等违法犯罪问题的产生。

青少年受到拜金文化的影响，首先就会产生强烈的攀比心理。例如，同学或同伴穿一身500元钱购买的衣服，自己就要穿一身1000元钱购买的衣服；同学或同伴使用2000元钱购买的手机，自己就要使用5000元钱购买的手机。在虚无的攀比过程中，满足自身的虚荣心。其次，受到拜金文化的影响，会使青少年丧失脚踏实地的生活理念，甚至企图通过各种各样的非法手段实现"一夜暴富"。不但影响了青少年群体的正常生活、学习乃至工作发展，严重的还会引发青少年犯罪。

（二）受到网络功利性信息影响导致青少年虚荣心过度

在网络信息变迁的时代背景下，互联网信息的传播体现出了浓厚的功利性色彩。这种网络功利性信息对青少年的心理健康成长会造成严重的损害及影响。功利性信息对于青少年群体健康成长的危害极大。而当功利性信息与互联网传播相融合之后，网络功利性信息很容易就会形成对青少年群体自我认知的误导，导致青少年群体的虚荣心过度膨胀。

例如，受到网络功利性信息的影响，很多青少年以成为班干部作为自身的成就，而忘却了班干部是为全体班级成员服务的初衷。而很多青少年在自身的理想信念培养过程中，受到网络不良功利性信息的影响，产生了"成为网红""成为明星"等充满虚荣心的理想，从而导致这些青少年群体在成长与发展的道路中，持续地受到功利性虚荣心的误导，而在生活、学习乃至长远的发展过程中，逐渐偏离了正确的自我认知，而陷入功利化虚荣心的泥潭中无法自拔。

面对青少年受到网络功利性信息所产生虚荣心的现象，教师与家长应当帮助青少年认识到，一个人对于社会的付出有多少，其所获得的社会回报就有多少。

三、由于网络影响产生自卑心理

（一）因在网络上被他人否定而产生自卑心理

青少年正处于心理成长的关键阶段，而他们在遇到挫折和困难之时，常常会因为相应的挫折与困难而产生挫败感，继而产生自卑心理。青少年的自卑心理会影响到他们的心理健康成长。如果自卑情绪长期得不到缓解，就会对青少年的心理健康发展造成负面的影响。

与青少年因为被网友肯定而产生盲目自信的心理相反，一些青少年在网络交流过程中，由于被他人否定，而导致自卑心理的出现，这些都是青少年群体自我认知失准的具体表现。

人人都有在网络上表达合法观点的权利，在网络交流过程中，一些网友对于青少年群体的观念给予否定，是一件很平常的事情，而由于部分青少年的心理过于脆弱，将网络上被他人否定的负面心理不断扩大，最终形成了自卑心理。

面对青少年这样自卑心理，教师及家长应当对由于在网络上被否定而产生自卑心理的青少年进行积极的引导，帮助他们认识到在网络上被否定并不等同于他们在现实生活中被否定。要帮助产生自卑心理的青少年有效区分虚拟网络与现实生活的界限，促使他们通过现实生活中生活、学习乃至工作的肯定获得大家的充分认可，从而在有效树立自信心的基础上，完全摆脱自卑心理的束缚。

（二）由于自身观点在网络上得不到他人认同而产生自卑心理

渴望获得认同是青少年心理发展的普遍性特点。在青少年的心理健康成长过程中，如果获得他人的认同，能够使青少年更为自信；但是如果得不到他人的认同，很可能导致青少年由此产生自卑心理，并且这样的自卑心理会长时间地影响青少年的心理健康。

与青少年在网络上被他人所否定而产生自卑心理类似的是，一些青少年由于自身的观点在网络上得不到他人的认同而产生自卑心理。这些青少年往往在网络上发表了"特立独行"的言论，但是由于"人微言轻"很少受到其他网友的关注，因此，也无法得到网友的认同。这些青少年往往很希望自身的观点或理念在网络上产生巨大的影响力，但是，现实却是没有网友注意这些青少年群体的网络言论。理想与现实的差距往往使这些青少年无法接受，久而久之就产生了自卑心理，认为自身被社会所抛弃。

在面对这样的青少年自我认知失准的心理问题过程中，教师及家长应当积极引导青少年认识到网络传播的规律，一个普通的网民发布的网络信息被网友忽视是极为正常的网络现象。教师与家长要引导这些由于在网络上得不到他人认同而产生自卑心理的青少年，将主要的精力集中于现实的生活、学习乃至工作当中，从而在现实生活中通过自身的努力，去获得公众的认同。

（三）由于网络虚拟社交的失败而产生自卑心理

社会交往的需求是马斯洛的需求层次结构中的重要组成部分，而青少年群体由于自身心智的不成熟，很容易出现社会交往的失败，并且因此产生相应的自卑心理。

自从互联网诞生以来，网络虚拟社交就成为互联网的重要组成部分。在现实生活中，部分青少年群体由于网络虚拟社交的失败，而产生了相应的自卑心理，对于自身的自我定位严重失衡。

这些青少年群体或者经受了"与网友决裂"，抑或是"网恋失败"的痛苦，而他们将这些网络虚拟空间所带来的"痛苦"无限放大，从而最终导致他们在现实的生活中形成了相应的自卑心理。这些青少年往往很难走出"与网友决裂"抑或是"网恋失败"的心理阴影，并利用自我暗示的方式，不断告诉自己"我是有缺陷的"，从而在自卑心理的恶性循环过程中，陷入自卑情绪无法自拔。

　　教师和家长在面对青少年群体产生这样的自卑心理时，应有效引导他们正确认识网络虚拟社交的虚拟性特点，虽然健康的网络虚拟社交对青少年的发展具有一定的促进作用，但是，如果将网络虚拟社交当成自身生活的主业，那么就必然会影响现实的生活、学习乃至工作。引导这些青少年群体将自身的主要精力放在现实的生活、学习乃至工作当中，从而走出由于自卑心理而产生的不良影响。

第二节　想象与现实的失衡

一、部分青少年群体将理想寄托于网络虚拟空间中

（一）部分青少年群体希望在网络中实现自身的理想

　　拥有远大的理想信念对于青少年的心理健康成长具有重要的促进作用，但是，青少年如果将理想信念寄托于网络虚拟空间中，则会造成对于他们现实生活的误导，使其沉溺于网络虚拟空间中，丧失了现实生活的动力。

　　在网络信息变迁时代背景下，部分青少年群体往往对于自身的理想想象得过于完美，但又不知道如何在现实中一步步地实现，这导致部分青少年群体希望在网络中实现自身的理想现象的出现。青少年群体将理想信念寄托于网络的成因见图5-1。

图 5-1　青少年群体将理想信念寄托于网络的成因

在这部分青少年群体中，他们往往将现实生活想象得过于美好，一旦出现想象与现实的落差，就沉溺于网络的虚拟空间中，从而使自身的现实生活的发展一直停滞不前。现实生活往往是充满挑战的，这些将理想寄托于网络虚拟空间的青少年，一方面想象着自身能够实现远大的理想奋斗目标，一方面又畏惧现实生活中的挑战，因此，他们想象中的远大理想只能够停留在想象的阶段，并且还对于这些青少年群体的现实生活发展产生一定的副作用，致使他们更加惧怕现实生活中的挑战，最终在现实生活中一事无成。

教师及家长在教育此类青少年的过程中，应当引导他们结合自身的现实情况，进行客观的理想定位，使自身的理想能够通过现实中的一步步努力得以实现，从而避免这些青少年群体整日沉溺于网络之中。

（二）部分青少年群体由于理想得不到现实的认同而将理想寄托于网络虚拟空间中

青少年在自我的想象过程中，往往认为自身十分完美，但是，在现实生活中得不到他们所期望的认同，转而沉迷于网络的虚拟空间中，利用网络虚幻的慰藉，满足自身的想象。长此以往，对于青少年的心理健康成长会造成十分严重的阻碍。

与部分青少年希望在网络中实现自身理想相类似的是，部分青少年由于理想得不到现实的认同，而将理想寄托于网络虚拟空间中。在这样的青少年群体中，他们想象中的理想往往不符合现实生活的实际情况，从而也就得不到现实的认同。因此，这部分青少年人群就将想象的理想寄托于网络虚拟空间中，希望利用网络虚拟空间来麻醉自己，获得网络虚拟空间的些许安慰。对于这些青少年而言，自身想象中的理想往往很美好，但是，在现实生活中往往脱离于现实生活发展的客观规律。也就是说，这些青少年想象中的理想是在现实中无法实现的。因此，这些青少年才将想象的理想寄托于网络虚拟空间中。

对于这部分青少年的教育而言，教师和家长应当引导他们正确地进行自我定位，将自身发展的理想信念与目标有效地同现实生活相结合，促进他们能够将自身的注意力重新从网络的虚拟空间转移到现实生活中，从而促使他们通过现实生活中的一步步努力，取得真实可见的现实发展成就。

（三）部分青少年群体通过网络想象美好生活而不知在现实生活中努力实现

现实生活的成功，离不开日积月累的艰苦努力；只有通过坚持不懈的奋斗，人们才能够获得现实生活的成就。而网络虚拟空间的产生，为青少年提供了一个寄托自身想象的环境，很多青少年将自身对于美好生活的向往寄托于网络虚拟空间中，从而忽视了现实生活的努力。

具体而言，部分青少年对自身发展的前景以及自身的理想信念具有十分美好的憧憬，但是，他们只是通过网络空间的憧憬来期待自身美好生活的到来，不知道理想的实现是需要在现实生活中一步步奋斗才能达成的。这导致部分青少年只能将自身的理想与美好生活停留在网络虚拟空间的想象之下。这样的青少年不知道实际行动的重要性，将自身想象中的理想与对美好生活的向往全部寄托于网络虚拟空间中，导致他们想象的理想和对美好生活的向往只能停留在想象阶段。

对这样的青少年群体的教育，家长和教师应积极引导他们有效地将自身想象中的理想，以及对美好生活的向往，通过现实的努力一步步实现，促使他们重视在现实生活中奋斗的重要性，利用生活、学习乃至工作上的不断努力，有效实现自身理想以及对美好生活的向往，从而使这些青少年获得现实生活中的成功。

二、部分青少年群体由于现实生活的失意而沉迷于网络

（一）部分青少年学生由于学习的失意而沉迷于网络

青少年群体普遍具有自尊心强的特点，但是，由于他们的心理并不成熟，如果遇到相应的挫折，则会长时间地受到负面情绪的影响。通常而言，青少年的学习成绩是学校评定青少年学习能力的重要参考，大多数青少年对自身的学习成绩极为关心。在青少年学生群体中，有很多青少年学生由于学习的失意，转而沉迷于网络，导致他们学习成绩的进一步下滑，也令他们更加地沉迷于网络，形成了学习失意与沉迷网络的恶性循环。在这些青少年学生中，他们并不是每个人都不想获得好成绩，相反，他们中的大部分人希望取得良好的学习成绩。但是，由于他们自身的惰性以及网络虚拟空间的诱惑，使他们一旦在学习中失意，就会将注意力转移到网络的虚拟空间中，从而起到麻醉自己的作用。

对于这部分青少年学生的教育，教师及家长应当在有效培养他们的"抗挫折能力"的基础上，帮助他们树立长远的学习目标，引导他们通过在日常学习中的不断努力，在一点一滴的学习进步过程中，逐渐提升自身学习水平及学习能力，从而将这部分青少年学生的主要注意力从网络的虚拟空间中重新引入到学习的正途中，以此使这部分青少年学生逐步取得学习水平的整体性提升。

（二）部分青少年群体由于社交的失意而沉迷于网络

网络的虚拟空间为青少年提供了一个开放性的社交平台。在网络社交平台上，青少年能够认识到很多与自身具有相同兴趣爱好的网友，从而建立起一个开放性的网络虚拟社交环境。

现实中的合理社会交往，是青少年群体全面发展过程中不可或缺的一个环节。但是，有很多青少年群体，由于社交的失意而转向沉迷于网络，希望利用网络中的虚拟社交，来满足自身的社会交往欲望，导致他们在现实生活中社交质量的下降。在网络中与网友适当的社交是对青少年有利的，但是部分青少年利用网络社交而转移现实社交失意的注意力，则是不可取的。现实生活中的社会人际交往是网络虚拟空间社会交往所不能代替的，而部分青少年不明白其中的原因，一旦在现实生活中出现社交的障碍或是困难，就选择逃避，将自身的注意力集中于网络中。这样的行为是不能够解决现实社会交往中存在的问题。

在对这部分青少年群体的教育过程中，教师和家长应当积极地为他们分析现实社会交往的重要作用，不要因为一些与现实朋友间的小小矛盾，就转而沉迷于网络中寻找安慰。要促使这些青少年群体有效提升社交能力，拓展社交范围，从而积极合理地提升现实生活社会交往的质量。

（三）部分青少年群体由于恋爱的失意而沉迷于网络

在这样的背景下，"网恋"对于青少年群体而言充满着诱惑力。很多青少年在现实中爱情需求得不到满足之时，就会将自身的主要精力投入到"网恋"之中，从而寻求心灵的藉慰。青少年的"网恋"现象，影响了他们正常生活、学习乃至工作的节奏，甚至一些不法分子还借助"网恋"的虚假陷阱去诈骗青少年的钱财。

对于青少年在网络中通过"网恋"寻找感情藉慰的现象，教师及家长应当利用正面的引导，逐渐引导青少年形成正确的交友观，认识到青少年群体当前的主要任务是学习知识以及提升自己，从而能够将生活的重心放在学业以及工作之上，避免沉溺于网络中虚无缥缈的"网恋"之中。

三、部分青少年对理想定位过高导致现实生活的落差

（一）过高的理想定位使部分青少年的理想很难在现实生活中实现

青少年群体往往认为自身十分完美，从而使很多青少年出现了"志大才疏"的现象。在现实生活中，"志大才疏"的青少年屡见不鲜，他们往往由于自我

定位的不准确，为自身确立了过高的理想信念，因此，在现实生活中很难实现他们想象中的理想，造成想象与现实的落差。这部分青少年往往表面上"志存高远"，而实际的生活、学习乃至工作能力都十分平庸。他们在自己的想象中，往往认为自身完美无瑕，能够完成常人难以完成的重大任务，能够发挥常人难以发挥的关键作用，从而使他们在自身的想象中，错误地高估了自身的能力，导致他们通过想象得出了在现实生活中基本无法实现的理想信念。

这样"志大才疏"的青少年，往往对事物仅仅停留在"想象阶段"，在自身空想的基础上不再前进，从而一生沉迷在自身的幻想之中，最终一事无成。

为了解决这个问题，教师和家长应当积极为有"志大才疏"缺点的青少年群体指明实践的重要性。即使自身缺乏相应的实践能力，但是在日常的实践锻炼中，也能够一步一步地积累实践能力，从而逐步缩小自身理想与现实生活的落差。

（二）由于理想定位过高导致现实生活中找不到实现理想的路径

青少年对于理想的定位，应当紧跟自己的现实生活环境与自己的发展情况进行。一旦青少年对于自身的理想定位过高，他们就会在现实生活中产生落差感，从而影响他们的心理健康成长。

与很多"志大才疏"的青少年类似，很多具有优秀素质的青少年，由于理想定位过高，在现实生活中找不到实现理想的路径，从而使他们的思想极为痛苦。在历史中，很多具有优秀素质的青少年，都制定了当时看似无法实现的远大理想目标，不管他人的讥讽与嘲笑，默默地积累自身的能力，从而利用一生的时间实现了自身的远大理想目标。在现实生活中，很多具有出色能力的青少年，由于自身的能力出众，在自己的想象过程中，也绘制了完美的理想蓝图，但是，由于这份理想"过于远大"，使他们无法找到在现实生活中实现的路径，从而每天因想象与现实的失衡备受煎熬。

所谓"持志就如心痛"，每个志存高远的人，在坚持自身理想信念的过程中，都难免受到理想与现实落差的煎熬。但是，他们并不会因此而气馁，反而更加努力地开展自身的社会生活实践，从而在一步步提升能力的基础上，形成实现自身远大理想信念的关键能力，并最终实现自身的远大理想信念。对于这些"志存高远"的年轻人，我们应给予更多的支持与理解，让他们通过现实的努力，去逐渐实现自身的远大理想信念。

第三节 虚幻的自由与渴求

一、青少年群体具有渴求自由的"共性"

（一）对于自由的渴求是青少年群体的普遍现象

青少年群体在心理健康成长的过程中，对于自由的渴求十分明显。在对青少年展开心理健康教育的过程中，需要教师及家长对于青少年的这种心理现象有足够的重视，并给予青少年适度的自由，从而更好地促进青少年的健康成长与发展。

我们每个人都有对于自由的渴求，具体到青少年群体中，对于自由的渴求是其普遍现象。青少年群体对于自由的渴求往往相较于其他人群更为强烈，在他们强烈的自我意识下，更加希望能够无拘无束地开展个人的现实生活，促进自身在满足自身对于自由的渴求基础上，获得真正的"自由发展"。在青少年群体渴求自由的"共性"背景下，一部分青少年能够清晰地界定"自由"的界限，在现实生活中实现不违背法律法规以及公序良俗的"自由"；而另一部分青少年群体，则向往着更加虚无的"自由"，他们将"自由"定位为"任意驰骋""为所欲为"。因此，在现实生活中这部分青少年很难实现自身所渴求的"自由"。

总体而言，对于自由的渴求虽然是青少年群体的普遍现象，但是由于青少年群体对于"自由"的定义不同，有些青少年的"自由"是可以实现的，而有些青少年的"自由"是无法实现的。

（二）现实生活中大多数青少年对于自由的渴求往往无法满足

在青少年普遍渴求自由的背景下，教师及家长应当为青少年明确，没有绝对的自由，自身对于自由的实现，应当站在社会大环境的整体背景下；同时，自身的自由，必须符合相应的法律法规与社会的公序良俗，不能逾越道德与法律的界限。

在现实生活中，由于对"自由"的界定边界认识不清，导致大多数青少年对于"自由"的渴求往往无法满足。大部分青少年没有认识到，真正的"自由"是需要符合外部世界环境的条件限制的，而不是在自身虚无的渴求中，去想象那些不切实际的"自由"。在大多数青少年看来，所谓的"自由"，即是"无拘无束""为所欲为"，而不知道真正的"自由"需要在现实社会法律与道德的框架下才能够真正实现。由于现实生活中大多数青少年渴求"自由"，但是又对"自由"定义不准，导致他们内心中对于"自由"的渴求只能够停留在虚幻的想象阶段，永远不能够在现实生活中实现他们心中所谓的"自由"。对于这样的现象，我们应对于相关青少年予以充分的理解，并引导他们站在法律与道德的框架中，重新思考"自由"的定义，从而促使他们最终在现实生活中实现"自由"。

（三）青少年群体对于自由的渴求应当是有节制的

自我节制能力的形成，是青少年心理健康成长的重要标志，对于青少年的成长与发展，具有十分积极的促进作用。通过有节制、懂尺度的心理健康素养培养，能够使青少年在社会生活过程中更为符合社会的公序良俗，从而获得良好的成长发展。

对于"自由"的渴求是青少年群体的"共性"，然而，青少年群体应认识到的是，人类对于"自由"的渴求，应当是有节制的。在法律与道德的框架中，青少年群体对于"自由"的渴求也不能泛滥过度，任何人都应当在实现自身对于"自由"渴求的过程中，保持适当的节制，从而才能够获得真正的"自由"。无论是网络虚拟空间抑或是现实生活，一个人的"自由"都不能过度，而对于这个"度"的掌握，是很多青少年所欠缺的。在人类渴求"自由"时，应当在遵守法律法规，符合道德规范的基础上，利用适度的节制，满足自身对于"自由"的渴求。而即使在符合法律法规，符合道德规范的基础上，过度的"自由"也会造成相应的负面作用，最终使过度的"自由"发展成毫无节制的任性，对于青少年的健康成长造成巨大的副作用。

二、部分青少年希望在网络虚拟空间中获得对于自由的渴求

（一）现实的规则促使部分青少年在网络虚拟空间中寻求对于自由的渴求

在现实生活中的自由，需要充分符合社会生活的规则，因此，很多青少年感到在现实生活中缺乏自由感，转而在网络虚拟空间中沉醉和麻痹自我，造成了对于他们成长与发展的负面影响。

具体而言，部分青少年由于自身对于"自由"的渴求脱离了现实，而导致在现实生活中无法实现"自由"的现象，他们则转身将自身的注意力转移到了

网络的虚拟空间中，试图满足自身对于"自由"的渴求。因此，我们可以说，现实的"规则"，促使部分青少年群体在网络虚拟空间中寻求对于自由的渴求。

这样的青少年群体现象，使大量的青少年将自身人生中最为宝贵的时光浪费在网络的虚拟空间中，从而使他们的现实生活发展停滞不前。虽然在现实生活中，青少年群体的"自由"处处受到"规则的限制"，但是，这种"规则的限制"则是确保青少年群体健康发展的红线，使青少年能够在法律与道德的框架内实现健康发展。而很多青少年对于现实生活中"规则的限制"感到十分不满，从而将自身的主要精力投入到网络虚拟空间中，企图实现自身虚幻的"自由"。

（二）网络的虚拟空间使青少年沉迷于对于自由的虚幻渴求之中

网络的虚拟空间由于具有开放性的特点，使得很多青少年群体沉溺于其中，通过网络的虚拟人际关系，获得心理的慰藉，因此，对于这些青少年的现实生活产生了消极的影响。

在网络的虚拟空间中，类似于现实生活中"规则的限制"少之又少，只要不违背相应的法律以及道德底线，人人都可以发表自身特立独行的言论，或者扮演网络游戏中的角色而驰骋江湖。因此，在青少年群体的现实生活中，无法实现对于"自由"的渴求之时，他们就会主动地在网络的虚拟空间中，沉迷于自身对于"自由"的虚幻渴求之中而无法自拔。

在面对这样的青少年心理问题的过程中，教师与家长也不必急于斥责沉迷于网络虚拟空间的青少年，而应首先反思在教师及家长的教育过程中，是否为青少年群体明确了"自由"的界限？通过教师及家长的正确引导，绝大多数青少年能够正视自身对于"自由"的渴求，从而将主要精力重新从虚拟的网络空间转移到现实生活中，从而在现实生活中实现真正的"自由"。

三、青少年群体在网络世界中追逐虚幻自由的成因

（一）网络虚拟世界能给青少年群体带来现实中难以实现的自由感

首先，是网络虚拟世界能给青少年群体带来现实中难以实现的自由感。在网络虚拟世界中，青少年能够根据自身的意愿，自由发表言论，或者在网络游戏中任意驰骋，这使青少年群体获得前所未有的自由感。青少年群体的网络虚拟活动，只要不违反相关法律及社会公德，就能够随意开展，不受拘束，从而促使青少年对于网络虚拟世界虚幻的"自由"，具有更为强烈的依赖感，使他

们深深地沉迷于网络虚拟世界中，久久不能自拔。

虽然网络虚拟世界能给青少年群体带来现实中难以实现的自由感，但是，网络的虚拟世界毕竟不是现实生活，青少年群体在网络虚拟世界投入了大量的时间与精力，其现实生活必然受到影响。

面对这样的问题，需要教师及家长针对青少年沉迷于网络虚拟世界的现象，及时地加以心理健康干预及指导，引导青少年认识到网络虚拟世界只是现实生活的一种补充，并不能脱离于现实世界而独立存在，从而有效解决青少年沉迷于网络寻求自由感的问题。

（二）青少年在虚拟网络世界中能够脱离自身人设开展虚拟交往

对于青少年群体在网络世界中追逐虚幻自由现象的成因而言，青少年在网络世界中能够脱离自身人设开展虚拟交往，也是其中的一项重要的成因。青少年群体在现实生活的人际交往过程中，要时刻注意自身的身份、地位，对于教师需要尊敬，对于家长需要听话，对于同伴与同学需要以礼相待，而这样的现实生活社会交往规则，对于一些青少年而言充满了"约束性"。这些不愿意接受现实生活社会交往规则的青少年群体，将自身的主要精力投入到网络世界的虚拟社交过程中，利用自身虚拟的身份，与网友展开"脱离现实身份地位"的网络虚拟社交。在这样的过程中，青少年能够利用自身虚拟的人设轻易获得网友的认同，并且在自身虚荣心的驱动下，编写出很多虚假经历，突出自身虚拟人设的"成功价值"，从而进一步获得更多网友的认同与赞赏。

面对这样的问题，教师及家长应当引导青少年进行深刻的自我反思，提醒青少年不要将自身在网络中的虚拟人设带入到现实生活的发展过程中，确保青少年群体能够有效划清网络虚拟空间与现实生活的界限，从而确保青少年在现实生活中不迷失自我。

第四节　盲目的"抱团"心理

一、青少年群体的网络"抱团"类别

（一）青少年群体的"粉丝团"

在当今的互联网文化中，"粉丝团"已经逐渐发展为"饭圈文化"，青少年群体基于对于文艺界、体育界的明星追捧，通过"微博"的关注以及粉丝群互动等过程，实现对于自身关注的文体明星的追捧。半月谈杂志社对全国2万多名12岁至18岁中学生开展的'青少年追星调查'发现，青少年粉丝群体易受人操控、利用，容易对价值观尚未形成的青少年带来负面影响。这种"粉丝团"文化，充分地体现出青少年群体的盲目"抱团"心理，促使青少年群体在追星的过程中，耽误了更多生活、学习乃至工作的时间，导致青少年群体由于盲目追星，而影响到现实的生活。

在青少年心理健康教育的过程中，教师及家长应当警惕青少年出现盲目的追星行为。一旦发现青少年出现"粉丝抱团"的行为，则需要教师及家长及时进行心理健康干预，避免青少年由于"粉丝抱团"行为而浪费青春、浪费金钱。

（二）青少年群体的"爱好群"

正当的兴趣爱好能够有效促进青少年的心理成长与健康发展。在青少年的兴趣爱好发展过程中，教师及家长应当帮助青少年树立健康积极的兴趣爱好，促进青少年将自身的兴趣爱好发展为特长，从而更好地促进青少年的全面发展。

在青少年的网络"抱团"类别中，"爱好群"是一种较为积极的青少年网络"抱团"形式。在"爱好群"中，青少年群体都具有共同的兴趣爱好，并基于网络聊天软件，建立了相应的网络聊天"爱好群"。青少年群体的爱好多种多样，如游泳、历史、手工等。通过网络"爱好群"的互动交流，能够促使青少年基于共同的兴趣爱好特点，探讨与爱好相关或者更为广泛的社会话题，促使青少年群体在加深兴趣爱好的同时，还能够通过网络群聊天结交更多具有共同兴趣爱好的网友。

由此可见，青少年群体的"爱好群"网络"抱团"行为，并非都是完全盲目的，而是根据自身的现实生活兴趣爱好有选择性地加入网络聊天"爱好群"，并且还能够通过"爱好群"促进自身现实生活中的兴趣爱好朝专业化的方向发展。

（三）青少年群体的"游戏工会"

青少年群体的盲目"抱团"行为，在网络游戏领域中最为突出，其基本的组织就是"游戏工会"。"游戏工会"的名称来源于美国暴雪公司（Blizzard）出品的 RPG 游戏"魔兽世界（WOW）"中。在以中国传统文化为背景的网络 RPG 游戏中，"游戏工会"也被称为"游戏帮派"；在电子竞技类游戏中，"游戏工会"则被称为"游戏战队"，并且很多电子竞技"游戏战队"已经在商业化发展的基础上实现了深度的职业化运营。

对于青少年参与网络游戏并参加游戏工会的现象，教师及家长应引导青少年适度地开展网络游戏活动，注重培养青少年群体对于网络游戏的自制力，采取适度游戏的态度，有效控制参与网络游戏的时间，从而使青少年群体不会因过度的网络游戏行为而影响正常的学习、生活。

二、盲目的"抱团"心理对于青少年的影响

（一）使青少年沉迷于网络虚拟人际关系

在青少年心理成长的过程中，青少年一旦沉迷于网络虚拟人际关系中，对于青少年现实生活中的学习与发展十分不利。

在青少年的互联网活动过程中，盲目的"抱团"心理能够对于青少年产生多种正面或者负面的影响。而盲目的"抱团"心理对于青少年最为直接的负面影响，就是促使青少年沉迷于网络虚拟人际关系之中，从而耽误了现实生活中的生活、学习乃至工作发展。

以"粉丝群"为例，"粉丝群"的"群主"或者其他"管理员"，会定期组织"粉丝"展开相应的"抱团"追星活动，甚至引导"粉丝群"的成员购买由偶像代言的商品，或者参与"粉丝见面会"，直接同自身的偶像展开交流。在这样的"粉丝群"追星过程中，"粉丝群"的成员不但要消耗大量的时间与精力进行"追星"，并且还要为自身的"追星"过程付出经济代价。这一点对于缺乏收入来源的青少年"粉丝群"成员而言是一个难以抉择的问题。

总而言之，"粉丝群"的"追星"活动，对于青少年群体的成长与发展极为不利，促使青少年沉迷于网络虚拟人际关系，并且会严重影响青少年群体的

生活、学习乃至工作。为了引导青少年正确认识沉迷于网络虚拟人际关系的危害性，教师及家长要利用学校教育与家庭教育的合力，为青少年揭示沉迷于网络虚拟人际关系的危害性，从而引导青少年客观地看待网络虚拟人际关系。

（二）为青少年群体提供具有共同兴趣爱好人群的交流平台

青少年的网络"抱团"行为，在一定程度上也能够为青少年提供具有共同兴趣爱好人群的交流平台，使青少年在网络平台上，提升自身兴趣爱好的专业性及深度，促使青少年养成良好的兴趣爱好特长。

具体在青少年的网络"抱团"行为中，"抱团"行为不全都是具有负面影响，通过"爱好群"这样的网络"抱团"行为，就能够为青少年群体提供具有共同兴趣爱好的交流平台。在不同领域的爱好中，青少年群体能够基于与"爱好群"中网友共同的兴趣爱好，展开相应的兴趣爱好交流，从而有效地提升自身对于兴趣爱好领域知识的认知，有效实现青少年群体的兴趣爱好发展。

例如，在"历史爱好群"中，很多年长的"历史爱好群"成员会将相应的电子版历史图书上传到群共享空间内，以供相应的历史爱好者下载、阅读。通过这种"历史爱好群"的历史图书阅读分享，能够有效地帮助青少年群体增长历史见闻，对于青少年群体具有十分积极的学习促进价值。

三、解决青少年盲目"抱团"问题的途径探究

（一）促进青少年群体在现实生活中的社交沟通

沉迷于网络虚拟人际关系的青少年，其现实生活中的社交沟通一定会受到相应的影响，导致青少年在网络中畅所欲言，在现实生活中默不作声，久而久之，对于青少年现实生活的社会交往能力造成负面的影响。

在面对青少年的盲目网络"抱团"现象的过程中，教师及家长应当积极促进青少年群体在现实生活中的社交沟通，促使青少年群体将主要的社会交往精力投入到现实生活的社会交往过程中。通过现实生活的社会交往引导，能够促使青少年群体更加注重在现实生活中发展友谊、提升社会交往能力，从而将青少年盲目网络"抱团"的注意力重新引导到现实社会交往的正轨之上，以此有效地促进青少年现实生活领域社会交往能力的提升。

在促进青少年群体在现实生活中开展社交沟通的过程中，也可以引导青少年群体建立以班级为单位的班级网络聊天群，在现实社交的基础上，利用网络聊天群的功能性，进一步拓展青少年现实社会交往的范围，从而促使青少年群

体正视互联网技术的"工具性"作用，将计算机、互联网技术有效利用在现实生活领域中，以此达到有效解决青少年群体盲目"抱团"问题的目的。

（二）使青少年群体明确盲目的"抱团"心理对于自身发展的危害

青少年群体的盲目"抱团"行为，会对于他们的心理健康成长造成相应的危害。教师及家长在面对青少年的盲目"抱团"行为过程中，应当针对青少年盲目"抱团"行为的特点，加以适当的心理干预，促使青少年能够免受盲目"抱团"行为的负面影响。

在解决青少年盲目"抱团"问题的过程中，教师及家长应当使青少年群体明确，盲目的"抱团"心理对于自身发展的危害，促使青少年群体在充分认识到盲目的"抱团"心理的危害基础上，能够主动地避免网络盲目"抱团"问题在自己身上发生，从而有效实现相应的教育意义。

在使青少年群体明确盲目的"抱团"心理对于自身发展的危害过程中，教师与家长不必盲目地斥责具有盲目网络"抱团"行为的青少年，而是应当站在平等沟通的基础上，为他们客观地分析盲目网络"抱团"行为对于青少年有哪些具体危害，并且为相关的青少年具体展示盲目网络"抱团"行为的危害性案例，促使具有盲目网络"抱团"行为的青少年能够主动地认清盲目网络"抱团"行为的本质，从而自觉远离盲目网络"抱团"行为。

（三）引导青少年有选择性地开展网络人际交往

适度的网络人际交往能够促进青少年的心理健康成长，而沉迷于网络虚拟人际交往之中，则会对于青少年的身心健康产生严重的负面影响。在青少年的心理健康教育过程中，关键之处在于帮助青少年把握网络人际交往的尺度，从而为青少年的健康成长发挥积极的作用。

在解决青少年盲目"抱团"问题的过程中，并不是要要求青少年群体完全断绝网络人际交往，而是应当引导青少年群体有选择性地开展网络人际交往，在网络上结交更多具有真才实学的网友，从而在通过网络社会交往提升自身层次的基础上，更好地促进自身生活、学习乃至工作的开展。

在青少年群体开展有选择性地网络人际交往过程中，应当积极发挥计算机、互联网的"学习促进价值"，通过关注一些学术 BBS，或者加入一些与学习相关的网络"爱好群"，促使青少年群体开展正面的网络人际交往。通过以现实为主、以网络为辅的青少年社会交往能力培养，促使青少年群体有效地摒弃盲目网络"抱团"的行为，而是将自身的精力更多地投入到促进自身生活、学习乃至工作开展的线上、线下人际交往过程中，从而在通过社会交往活动提升自我的基础上，发展出更为完善的社会交往能力。

第五节　双性化人格的追求与迷失

一、网络信息变迁时代背景下双性化人格定义分析

（一）双性化人格原指性别的双性化

双性化人格原本是心理学家罗西在 1964 年提出的心理学概念，认为人身上既可能有男性化特征，也可能有女性化特征。当男性化特征高时，称为男性化型个体；女性化特征较多，则称为女性化型个体。如果男性化特征和女性化特征在一个人身上都表现得较多时，就称为双性化个体；而当男性化特征和女性化特征表现得都比较少时，称为未分化个体。这种男性化或女性化特征的划分，不是考虑生物学意义上的性别，而是平等地看待每一个人，依据体质、性格、行为表现和能力来区分。从行为表现上来讲，世界上不存在绝对的男性和女性，男女的性格特征是混合交织存在于同一个人身上的，只存在程度上的差别，而不再是非此即彼的排他关系。这一观点为理解和认识两性的性别差异开辟了新的视野。当人属于典型的男性化型或女性化型个体时，会抑制很多被认为与其性别角色不符的行为。而典型的双性化的人，则会更自由地表现出男性化和女性化的行为，因而更具有灵活性和适应性。

明确双性化人格的理论渊源，能够使青少年心理健康教育取得质量上的提升，使教师及家长更为包容与理解青少年体现出的异性化行为特征，从而更好地促进青少年的心理健康发展。

（二）网络信息变迁时代背景下出现了互联网线上、线下双性化人格

在当前的网络信息变迁时代背景下，由于互联网线上与线下现实生活的差异，很多网民呈现出在互联网线上与线下具有明显差异的双性化人格。例如，一些生活中发展现状不甚良好的网民，会在互联网虚拟空间中，标榜自身是一名"成功人士"，并乐于与其他网友分享自身的"成功经验"。或者是在现实生活中较为内向、老实的青少年，在网络游戏中积极表现自己、大杀四方，等等。随着互联网的推广与普及，越来越多的网民群体出现了互联网线上虚拟人格与

现实生活真实人格的极大反差，从而催生出了互联网线上、线下的双性化人格。

对于青少年群体而言，这种互联网线上、线下的双性化人格更多地体现于网络社交与网络游戏中。很多青少年群体在网络社交与网络游戏过程中，刻意隐瞒自身的真实人格，为自身在互联网虚拟空间内构建起了虚拟的人格设定，从而出现了青少年群体互联网线上、线下双性化人格的矛盾。

在青少年心理健康教育的过程中，一旦青少年出现了线上、线下双性化人格的差异，就需要教师及家长及时地运用心理健康干预手段，对于青少年的线上、线下双性化人格予以纠正，使青少年能够以现实生活为主，减少相应的互联网活动，从而为青少年的健康成长与发展提供可靠的保障。

（三）互联网线上、线下双性化人格对于青少年健康成长的影响分析

从心理学的角度观察，互联网线上、线下双性化人格的现象，对于青少年的健康成长具有极大的危害，具体体现在容易促使青少年迷失自我、容易促使青少年人格分裂两大方面。

对于"容易促使青少年迷失自我"而言，青少年长期在互联网线上、线下的双性化人格特征下发展，就会忘却自身在现实生活中的"本我人格"，而更多地利用互联网虚拟空间的"虚拟人格"暗示自己，从而使自身即使在现实生活中，也带着在互联网虚拟空间为自身设定的"虚拟人格"生活，从而使青少年迷失自我。

对于"容易促使青少年人格分裂"而言，在现实生活与互联网虚拟空间的人格定位频繁转换过程中，青少年群体往往不能分辨自身的"本我人格"，并且在现实生活中，既体现出自身现实生活的人格特点，同时又展现出自身为互联网虚拟空间设置的"虚拟人格"特点，久而久之，很容易使青少年形成人格分裂。

在解决青少年互联网线上、线下双性化人格的问题过程中，教师及家长应当教导青少年摒弃网络虚拟社交中的虚拟人格，将自身的主要精力投入到现实生活的学习与发展过程中，使青少年能够准确地把握自己，实现人格发展的统一性。

二、青少年群体线上、线下双性化人格的追求与迷失

（一）青少年群体线上、线下人格表现的差异分析

由于现实生活与互联网虚拟空间的差异，很多青少年群体都在利用互联网的过程中，形成了线上、线下的双性人格。例如，在现实生活中，有很多青少

年都是彬彬有礼、温文尔雅的，但是，他们可能在互联网虚拟空间内体现出暴躁易怒、低俗粗鲁的人格，而他们一旦回到现实生活中，就会重新回归彬彬有礼、温文尔雅的人格表现。这样的线上、线下双性化人格差异体现，充分地表现出互联网技术对于青少年群体心理健康的负面影响，促使更多的青少年在互联网线上、线下表现出"不同的自我"，从而更好地满足自身对于线上双性化人格的追求，而在现实的线下社会生活中逐渐迷失自我。由此可见，这样的互联网线上、线下双性化人格差异，往往令青少年群体在频繁的线上、线下角色转变过程中，无法清晰地分辨互联网与现实的差异，导致青少年群体迷失自我，严重的，还会导致"人格分裂"。

面对青少年群体线上、线下人格表现的差异问题，需要教师及家长尽早发现、及时干预，利用有效的心理健康干预手段，使青少年群体能够实现在互联网线上、线下的人格表现统一，从而有效避免青少年群体出现人格分裂的危险。

（二）青少年群体线上、线下双性人格的追求

青少年群体线上、线下双性人格的追求，往往产生于他们在互联网虚拟空间虚荣心膨胀的基础上，主要体现在青少年群体的互联网虚拟社交过程中，最终影响了青少年群体的现实生活的正常开展。在互联网的虚拟社交过程中，青少年群体很容易被以虚荣心为主的负面价值观所误导，从而试图在互联网虚拟空间的虚拟社会交往过程中，利用自身设定出的"虚拟人格"来获得网友的认可与赞誉，从而在满足青少年群体网络社交的虚荣心基础上，促使青少年群体沉溺在自身设定的"虚拟人格"中无法自拔。

青少年群体对于线上、线下双性人格的追求，充分地显示了青少年群体渴望获得他人认同，虚荣心强烈的心理特点。这使他们基于自身设定的互联网虚拟空间中的"虚拟人格"，积极地开展互联网虚拟社交，而通过博得他人认同，追逐虚荣心的方式，沉溺在互联网虚拟社交中，而影响了现实生活的健康成长与发展。

在开展青少年心理健康教育的过程中，教师及家长应鼓励青少年积极在现实生活中追求自身的理想，并且认识到网络虚拟世界只是现实生活的一种补充，促使青少年群体能够将自身主要的经历投入到现实的生活、学习发展过程中，从而使青少年群体有效获得现实生活质量的提升。

（三）青少年群体线上、线下双性人格的迷失

青少年群体在为自身设定互联网虚拟空间中"虚拟人格"的基础上，往往

经常会在现实生活中也受到这种"虚拟人格"的影响，进而最终在线上、线下双性人格的追求中逐渐迷失自我，甚至还有"人格分裂"的潜在危险。

究其根本原因，就是因为这些青少年群体很难在充满虚荣心的心理驱使下，准确地定位自己，而使得这些青少年群体将在网络虚拟社交中获得的认同与赞赏，当成了现实生活中的成功与成就，逐渐促使这些青少年在互联网线上虚拟空间与线下现实生活的频繁转换中而迷失自我。

对于自我的准确定位，是一个人获得现实生活中成功的基础，青少年群体由于线上、线下的双性人格而迷失自我，其根本原因就是缺乏对于自我认知的准确定位，从而使这部分迷失自我的青少年在线上表现出了异于常人的思想与能力，而在线下的现实生活中沉溺于自身的网络虚荣心与网络成就感，最终导致他们在现实生活中一事无成。

当青少年出现线上、线下双性人格迷失的心理问题时，教师及家长应当进行及时的心理健康干预，促使青少年准确把握自己，丢弃在网络虚拟空间的"虚拟人格"，从而使青少年尽快回到现实生活的正轨当中。

三、避免青少年群体出现网络性双性化人格的途径

（一）促进青少年正视互联网的工具性作用

互联网技术是现实生活的工具，而不是现实生活的主宰。引导青少年群体正确认识互联网与现实生活的关系，是网络信息变迁时代背景下，青少年心理健康教育的重要组成部分。通过充分的心理健康教育，能够促使青少年正视互联网的工作性作用，从而使青少年在运用互联网的过程中不会产生迷失自我的问题。

不能准确区分互联网虚拟世界与现实生活的关系，是青少年群体出现网络性双性化人格问题的重要诱因。在预防青少年群体出现网络化双性人格的过程中，教师及家长应当引导青少年群体正视互联网的工具性作用，明确互联网虚拟空间只是现实生活的附属，从而有效地促使青少年群体将个人主要精力投入到现实生活的生活、学习乃至工作范围中，达到切实避免青少年群体出现网络性双性化人格问题的作用。

一旦青少年群体出现了网络性双性化人格的发展苗头，教师及家长应对相应的青少年进行及时引导，引导他们在准确地定位自身的基础上，明确地认识到互联网虚拟空间与现实生活之间的关系，引导这些出现网络性双性化人格发展苗头的青少年，能够重新定位自我，正视互联网的工具性作用，从而避免他

们的网络性双性化人格继续发展。

（二）帮助青少年群体控制网络社交活动

适度的网络社交活动，能够对于青少年的心理健康发展产生一定的积极作用。而通过青少年心理健康教育的过程，应当帮助青少年在主观上控制自身的网络社交行为，从而使青少年能够将主要的精力放在现实生活领域之中。

具体而言，在当今的网络信息变迁时代背景下，几乎人人都是网络社交活动的参与者，青少年群体更是对于网络社交活动情有独钟，积极地活跃在网络虚拟社交活动过程中。为了预防和避免青少年群体由于网络社交活动而产生网络性双性化人格心理问题，教师与家长应当积极帮助青少年群体主动控住自身的网络社交活动的开展，从而避免青少年群体沉溺在网络虚拟社交的"虚拟人格"之中而迷失自我，有效地预防青少年群体由于网络社交活动而产生与之相伴的网络性双性化人格问题。

青少年群体的适度网络社交活动是应当被允许的，而如何把握网络社交活动的"度"，则需要青少年群体、教师及家长认真思考。适度的网络社交活动，应当充分建立在现实生活的背景下，使青少年群体实现网络人格与现实人格的有机统一。在青少年群体的适度网络社交过程中，一定要对于网络社交活动的"深度"予以控制，以免青少年群体沉溺于网络虚拟社交而无法自拔。

（三）引导青少年群体统一线上、线下的双性人格

青少年群体统一的人格形成，标志着他们的人格发展日臻成熟。通过对气质、能力与性格层面的人格统一，能够更好地促进青少年群体提升心理成长的质量，帮助青少年获得良好的人格发展。

在传统的心理学观念中，一个人的人格与行动是高度统一的，一旦一个人的人格出现了分裂，那么，他的行动也必将出现混乱。而随着网络虚拟空间的出现，青少年群体在网络虚拟社交及网络游戏的开展过程中，体现出了线上、线下截然相反的网络性双性化人格，这就对于青少年的心理健康发展构成了严重的隐患。

基于这样的背景，教师及家长在避免和预防青少年群体出现网络性双性化人格的过程中，应当积极引导青少年群体，有效统一线上、线下的双性人格，促使他们能够在现实生活中怎样表现自我，就在网络虚拟空间中怎样表现自我，利用青少年群体现实生活与网络生活的人格统一，促使他们有效地获得公正、客观的自我认知，使他们真正在网络活动与现实生活中实现"知行合一、心物不二"的人格发展效果。

第六章　网络信息变迁时代影响青少年心理发展的因素

第一节　青少年自身

一、充满诱惑的互联网世界对于青少年心理发展的影响

（一）网络虚拟社交对于青少年心理发展的影响

在青少年心理成长与发展过程中，会受到网络环境的多重影响，同时也会受到现实生活的影响，两者共同对于青少年的心理发展产生作用。青少年面对充满诱惑的互联网世界，如何能够准确把握自我，成为一项重要的青少年心理健康教育课题。

对于网络信息变迁时代影响下的青少年心理发展的因素而言，最为主要的自身因素就是青少年的网络虚拟社交因素。在青少年群体参与网络虚拟社交的过程中，能够与具有共同兴趣爱好的网友讨论彼此间都感兴趣的话题，从而在满足青少年群体社会交往需求的基础上，促使青少年在网络虚拟社交过程中获得了更多他人的认同与赞誉，从而对于青少年群体产生了相应的心理影响。

具体而言，网络虚拟社交的出现，使青少年获得了一个能够自由展现内心需求，以及获得心理慰藉与满足的网络虚拟空间，促使青少年群体在网络社交活动的过程中获得认同、获得尊重，从而弥补了他们在现实社会交往中不能够实现的社交心理需要。这样的网络虚拟社交模式，如果是适度的，那么会促进青少年心理的健康发展；如果青少年群体过度地沉溺于网络虚拟社交中，就会

对其心理健康造成相应的损伤，因此需要教师及家长积极加以关注。

（二）网络游戏对于青少年心理发展的影响

网络游戏刚刚登陆中国之时，吸引了大量的青少年群体加入其中，并且很多青少年出现了网络游戏成瘾的问题。随着国家"网络游戏实名化认证"以及"网络游戏防沉迷"限制的出台，有效地约束了未成年人玩网络游戏的时间。而对于已成年的青少年群体而言，网络游戏仍旧十分具有吸引力，在传统的"客户端"网游发展动力不足的基础上，手机端 APP 手游在已成年青少年群体中广泛流行，已经成为青少年群体选择网络游戏的主要类型。适度的网络游戏能够起到开发青少年智力，缓解青少年心理压力的作用；而青少年一旦沉迷于网络游戏，网络游戏成瘾的种种危害就会接踵而来。

从整体上来讲，网络游戏对于青少年心理发展的影响是双面性的，一方面能够促进青少年群体的智力发展，帮助青少年群体缓解压力；另一方面则会导致青少年群体沉迷网游，荒废了正常的生活、学习乃至工作。

在面对青少年网络游戏成瘾的问题之时，教师及家长应当积极采取心理健康干预手段，促使青少年认识到网络游戏只是现实生活的一种"调剂品"，帮助青少年将主要的精力放在现实的学习与生活领域中，从而尽早地帮助青少年走出沉迷网络游戏的泥潭。

（三）网络流行文化对于青少年心理发展的影响

网络流行文化是现实生活中流行文化的拓展，通过现实流行文化与互联网技术的融合，极大地拓展了现实流行文化的传播空间，更加提升了现实流行文化的影响力。青少年群体正是网络流行文化的主要传播对象与参与者，其心理发展会受到网络流行文化的影响，而青少年群体追逐网络流行文化的最初目的，就在于通过网络流行文化获得更多的娱乐价值与自身兴趣爱好的满足。青少年追逐网络流行文化现象成因见图 6-1。

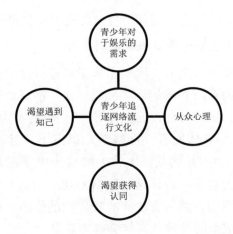

图 6-1 青少年追逐网络流行文化现象成因

网络流行文化对于青少年心理发展最为明显的影响，就是促使青少年群体盲目地追逐网络流行文化，而导致生活、学习乃至工作的荒废。与此同时，在追逐网络流行文化的过程中，青少年的"粉丝圈"盲目"抱团"行为，加剧了青少年群体对于网络流行文化的沉溺，让具有共同"追星"目标的青少年群体在"粉丝圈"中相互影响、相互激发，导致了他们更加地沉溺于网络流行文化之中不能自拔，逐渐形成一种恶性循环。

在解决青少年沉迷于网络流行文化的心理健康问题过程中，教师及家长首先需要引导青少年主动脱离网络流行文化的圈子，促使青少年群体能够认识到沉迷网络流行文化对于自身健康成长的危害，从而主动地脱离对于网络流行文化的追逐与迷恋。

二、青少年对于计算机、互联网技术的认识

（一）青少年对于计算机、互联网技术的娱乐性认识

在当今的网络信息变迁时代背景下，青少年对于计算机、互联网技术的认识，首先体现在娱乐性认识方面。通过"短视频""网络游戏"等计算机、互联网技术的娱乐性应用，满足自身获得快乐的心理需要，从而在不知不觉中形成了"短视频"成瘾、"网络游戏"成瘾等具有危害性的心理问题。

对于大多数青少年人群而言，计算机、互联网技术的作用最主要的还是集中在娱乐功能之上。虽然很多青少年群体也会自发或者在教师的影响下展开网络自主学习，但是部分青少年群体进行网络自主学习的时间，往往与他们参与

网络娱乐的时间差距很大。部分青少年群体对于计算机、互联网技术的娱乐性认识，使他们将自身主要的空闲时间放在了网络娱乐的平台上，而随着移动互联网技术的普及，几乎每个青少年都拥有了一部属于自己的手机，这使他们利用手机APP"刷短视频"与"玩手游"的过程更为便捷，导致了当今青少年群体中"沉迷手机"问题的发生。

在解决青少年"短视频成瘾""网络游戏成瘾"等心理健康问题的过程中，教师及家长需要引导青少年构建正确的网络娱乐观念，允许青少年适度地开展网络娱乐，但还是要将自身的主要精力放在现实生活的学习发展中，从而促进青少年实现心理健康发展。

（二）青少年对于计算机、互联网技术的交互性认识

计算机、互联网技术的最大特点就是其"交互性"。通过交互化的数据共享过程，能够有效地促进信息的传播，从而实现相应的信息传播价值。而青少年群体对于计算机、互联网技术的交互性认识，主要集中在网络虚拟社交之中。虽然很多青少年群体也能够通过类似于"网络爱好"群等积极的网络社交活动发展兴趣爱好，提升知识见闻。但是大多数青少年群体的网络虚拟社交活动，体现出了其对于青少年群体心理发展的负面影响。

如上文所述，大多数青少年群体在开展网络虚拟社交的过程中，会形成网络性双性化人格，从而迷失自我，甚至导致人格分裂。而大多数青少年群体，对于网络虚拟社交的认识，停留在吸引他人关注，获得他人赞赏，取得他人认同的层面，在网络虚拟社交的过程中产生了严重的虚荣心，从而影响了他们的心理健康发展。

在青少年心理健康教育的过程中，教师及家长需要根据青少年对于网络虚拟社交的开展程度，进行针对性的心理健康干预，促使青少年能够准确地认识到网络虚拟社交的存在价值，帮助青少年主动节制自身的网络虚拟社交，从而起到积极的心理健康教育效果。

（三）青少年对于计算机、互联网技术的工具性认识

互联网技术的最主要价值，就是其工具性价值。青少年群体在运用互联网的过程中，需要认识到互联网技术是服务于现实生活的一种重要工具，才能够在互联网的运用过程中，不会迷失自我以及沉迷网络，发挥出互联网技术对于现实生活应有的促进价值。

人类开发计算机、互联网技术的初衷，就是使其成为促进现实生活发展的

工具，经过了多年的发展，计算机、互联网技术最为本质的价值仍旧是其工具性价值。青少年对于计算机、互联网技术的工具性认识，首先体现在他们的网络自主学习过程中。随着"新冠肺炎疫情"的爆发，我国大中小学校都在"停课不停学"的背景下开展了远程网络教学，使更多的青少年学生，能够有效地利用计算机、互联网技术的工具性，开展以网络自主学习为主的远程网络学习。

对于部分已经毕业并且走入职场的青少年而言，对于计算机、互联网技术的工具性认识就更加明显。在当代的职场办公领域，处处都离不开办公软件的利用。因此，对于已经毕业并且走入职场的青少年来讲，计算机、互联网技术的工具性就是他们完成日常工作任务不可或缺的元素，成为他们获得职业发展的重要技术手段。

三、青少年对于计算机、互联网技术的把握

（一）青少年对于计算机、互联网技术的娱乐性把握

适度的互联网娱乐，能够帮助青少年舒缓生活压力，调节身心健康。而一旦青少年群体形成了对于互联网娱乐的依赖及沉迷，就会越过适度网络娱乐的阶段，对于心理健康发展产生多方面的负面影响。

计算机、互联网技术的本质是为人服务的，而人们需要通过对于计算机、互联网技术的有效把握来有效发挥计算机、互联网技术的价值。就当前我国青少年群体对于计算机、互联网技术的娱乐性把握而言，大部分的青少年群体都能够正确把握网络娱乐的"度"，从而避免自身沉迷于网络娱乐；但同时也有少数青少年群体不能正确把握网络娱乐的"度"，从而导致了其自身沉迷于网络娱乐中无法自拔。

对于大多数青少年而言，计算机、互联网技术的娱乐价值是现实生活的"调剂品"，从而能够适度地开展网络娱乐，不会沉迷网络娱乐。而对于网络娱乐沉迷的青少年群体而言，他们在"刷短视频""玩游戏"的过程中，往往获得了前所未有的体验感和快感，从而一发不可收拾，不能够准确地把握网络娱乐的"度"，而导致了"短视频成瘾""网络游戏成瘾"问题的发生。

（二）青少年对于计算机、互联网技术的交互性把握

计算机、互联网技术的交互性是其最大的信息传播价值，而通过对于计算机、互联网技术的交互性把握，能够有效地促使人们发挥计算机、互联网技术

的信息传播优势，在人与人交互及人机交互的过程中，更好地利用信息资源。

在青少年心理健康教育的过程中，教师及家长需要引导青少年群体正确地把握计算机、互联网技术的交互性特点，并且利用其中的网络交互功能，帮助青少年获取对于他们成长与发展具有积极促进作用的网络信息，从而更好地促进青少年利用网络资源为自身的生活与学习增添助力。

在青少年群体对于计算机、互联网技术的交互性把握过程中，当今的大部分青少年群体，仍停留在网络虚拟社交的交互性利用基础上；但是越来越多的青少年群体，通过网络资源共享的方式，利用互联网途径开展网络自主学习与获取信息化学习资料，呈现出青少年群体网络交互性把握向好的趋势。对于大部分青少年群体而言，他们对于网络交互性的理解，只是将其理解为网络虚拟社交，在通过互联网人与人交互的过程中，获得认可、赞赏以及满足。对于能够利用网络交互性功能促进自身生活、学习乃至工作发展的青少年群体而言，他们能够在网络信息交互的把握过程中，获取更为丰富的网络学习资源，促使他们提升生活、学习乃至工作的质量。

（三）青少年对于计算机、互联网技术的工具性把握

计算机、互联网技术的工具性，是其最为根本性的特点。我国青少年群体进行计算机、互联网技术的工具性把握过程中，主要的还是利用计算机、互联网技术开展网络自主学习；而对于部分已经进入职场的青少年群体来讲，他们对于计算机、互联网技术的工具性把握主要体现在互联网办公的层面。

在青少年心理健康教育过程中，教师及家长应为青少年进一步明确计算机、互联网技术的工具性价值，促使青少年群体能够有效地把握计算机、互联网技术的工具性特点，积极促进青少年现实生活的发展。

具体对于网络自主学习而言，我国教育界经历了"停课不停学"阶段的普及化网络在线教学，很多青少年学生已经养成了一定的网络自主学习能力，并且产生了积极的网络自主学习意愿。如今，越来越多的青少年学生开展了主动的网络自主学习，从而有效地把握了计算机、互联网技术的工具性价值，促进了自身的学习发展。而对于已经步入职场的青少年来讲，他们在日常的工作当中，需要有效利用各种办公软件完成工作任务，从而体现出了更为明显与积极的计算机、互联网技术工具性价值。

第二节 家庭与教养

一、网络信息变迁时代家庭环境特点研究

（一）家庭环境信息化

家庭环境的信息化发展，能够促使青少年获得更为全面的家庭教养培养，从而促使青少年在建立完善家庭教养的基础上，进一步实现个人素质与整体素养的协同提升。

随着网络信息变迁时代的到来，信息技术的应用在我国的家庭中日渐普及，形成了当今"家庭环境信息化"的特点。在当今的中国家庭中，父母对于网络信息的接受与应用，正在潜移默化地影响着子女的成长与发展，促使青少年一代在人生发展的起步阶段，就较早地养成了信息化的生活理念以及生活习惯。无论是青少年人生发展早期的"亲子网课"，还是家长通过网络购物平台为子女购买礼物，当代中国家庭的信息化生活方式都深深地被青少年人群铭记在脑海之中。

家庭环境信息化的发展变迁，能够为青少年人群更早地树立信息化的生活观念以及信息化的生活习惯，使得青少年人群通过在家庭环境影响下养成的信息化素养，在日后的生活、学习乃至工作过程中，更好地适应信息化社会的发展需要，凭借着信息化思维尽快地融入群体之中，从而更好地体现出网络信息变迁时代下，家庭环境信息对于青少年发展的促进作用。

（二）教育理念多元化

在网络信息变迁时代背景下，多元化、开放式的家庭教育理念，促使我国家庭教育呈现出"教育理念多元化"的特点，促使我国当代的家庭教育在传承祖国优秀传统家庭教育理念的基础上，兼容并蓄地融入世界各国的先进家庭教育理念，实现了家庭教育理念的不断完善与提升。这样的"教育理念多元化"特点能够促使我国当代的家庭为青少年提供更为全面的家庭教育基础，既包括中国传统家庭教育精髓，同时又有效地借鉴了世界各国的先进家庭教育理念。

而在教育理念多元化的家庭环境中，家长对于青少年的家庭教养培养，能促使青少年养成良好礼仪习惯，兼容并蓄地吸收中外优秀的礼仪与教养文化，

从而更好地为青少年的心理健康成长提供助力。

例如在"用餐礼仪"的家庭教养教育过程中，家长需要根据食品类别与餐具的不同，分别为子女进行西餐与中餐的用餐礼仪教育，使子女在日后的长远发展过程中，能够根据用餐环境的不同，适当地选择中西餐用餐礼仪，展现出自身优秀的素养。

（三）亲子沟通网络化

在当代的中国家庭中，家庭沟通的渠道受到信息化技术发展影响，呈现出了"亲子沟通网络化"的特点。当代的中国家长，往往在子女成长到一定年龄之时，就为子女配置了手机，从而更加方便与子女开展信息化沟通。在小家庭的"亲子沟通网络化"特点基础上，很多传统中国式"大家庭"都建立了"家庭群"，从而使得即使日常很少见面的中国式"大家庭"成员，也都能够通过网络沟通的途径，保持着密切的交流以及对于彼此间的关照。

通过网络化的亲子沟通过程，能够促使青少年群体随时随地与家长取得相应的联络。即使在进入大学抑或是组建新的家庭之后，青少年仍能够通过网络亲子沟通的渠道，与父母保持经常性的联络，确保了青少年群体与父母之间亲子关系的密切发展。

这样的"亲子沟通网络化"特点，使当代中国家长即使不能时刻地伴随在子女身边，也能够时刻掌握着子女的日常生活讯息，促使子女在上大学乃至工作以后，都能够时刻保持着与家长密切网络沟通的习惯，从而更好地促进亲子关系的积极发展，拉近了家长与子女"心的距离"。

二、网络信息变迁时代家庭环境对于青少年的影响分析

（一）促进青少年群体传承优秀家德、家风

家德、家风是家庭环境中传承千年的宝贵财富，通过促进青少年传承优秀家德、家风的过程，能够使青少年养成良好的道德修养以及行为习惯，并且在青少年组建新的家庭时，继续将自身养成的优秀家德、家风在新的家庭中传承下去。

网络信息变迁时代所变迁的是家庭成员的生活方式，而不变的是我国传承千年的家德、家风。通过家庭环境的影响，能够有效地促进我国当代青少年群体积极传承中华民族优秀家德、家风，在"忠孝传家""勤俭持家""爱国爱家"等优秀家德、家风理念的倡导下，有效促使自身发展出既符合中华优秀传统思

想道德观念，又能够适应当代社会最新发展需要的积极的道德品质。这样的家庭环境影响，能够在促使青少年传承优秀家德、家风的基础上，更好地体现出中国当代青少年的整体素质，为青少年群体树立起能够适应社会发展需要的必备品格与关键能力。

例如，青少年在公交车上让座，或者搀扶老年人过马路，无不是对于优秀家德、家风传承的体现。通过这样点滴的家德、家风树立过程，能够为青少年群体构建起在当代中国社会背景下的优秀家德、家风风貌，从而更加有利于青少年群体的长远发展。

（二）为青少年树立正确价值观

正确的价值观树立，对于青少年心理健康教育具有重要的影响。青少年群体通过家庭生活中的点滴积累，逐渐形成自身的价值观基础，并且通过在校学习的过程，进一步完善自身的价值观，最终形成完整的价值观念。

一个人的长远发展，往往会受到家庭环境的持续影响，而青少年群体在价值观形成的初期，往往是通过家庭环境潜移默化地影响，从而逐渐形成了自身的价值观。积极的家庭环境，能够为青少年树立起正确的价值观，促使青少年基于家庭生活的经验，有效地进行对于自身的客观定位，从而在人生发展的各个阶段，都能够发挥出符合自身社会角色的社会责任感，促使青少年群体真正成长为一个"对于社会有用的人"。

在网络信息变迁时代背景下，家庭环境对于青少年价值观形成的影响，更加突出了网络信息变迁时代的信息化特点。家长对于青少年信息化教育过程，需要有效为青少年明确信息化技术的"工具性"作用，促使青少年正确地认识信息化技术，不要沉迷于其中，并且逐渐养成网络信息变迁时代背景下的正确学习观、生活观、发展观，最终有效地构建起正确的价值观。

（三）帮助青少年养成健康的生活习惯

健康的生活习惯，是青少年在终身发展过程中所应具备的重要基础素养。在原生家庭环境下，青少年的生活习惯主要受到父母生活习惯的影响，并且伴随着青少年的成长与发展，对于青少年产生持续性的影响。

人的生活习惯一旦形成，就很难再改变。有相关的调查显示，成年人的生活习惯有80%以上都是在自身的"原生家庭"中养成的，可见家庭环境对于青少年群体发展的重要影响。在良好的家庭环境中，通过家庭教育以及家庭环境潜移默化地培养，能够有效促进青少年群体养成健康的生活习惯，并且在青少年群体今后的学习、工作、组建家庭以及长远发展过程中，都会对于青少年群体产生十分积极的影响。

在具体的家庭生活中，父母应首先注重自身生活习惯对于子女的直接或间接影响，努力克服掉"吸烟"以及"酗酒"等不健康生活习惯；积极倡导"讲卫生""爱运动""讲礼貌"等积极的生活习惯，务求利用自身的良好生活习惯引导青少年群体构建起更为优秀的健康生活习惯基础，从而更加有力地促进青少年群体的健康发展。

三、网络信息变迁时代青少年的教养体现

（一）"教养"的概念分析

"教养"一词本义是动词，即"教育与培养"之意，在现代汉语中也被引申为一个人所受到"教育与培养"的效果，即"文化和品德的修养"。在当今的教育界，"教养"的定义被延伸为青少年整体道德品质修养的体现，以及文化学习水平的程度，也可以利用"教养"一词，涵盖青少年的基础发展水平。"教养"一词，在西方文化中写作"manner"，指的是礼貌、规矩、态度、风度、生活方式、习惯，等等。"教养"在我们当今的文化中，更多被归类到礼仪、素质、道德一类。

在青少年心理健康教育的过程中，家庭教养的培养会对青少年的终身发展产生深刻的影响。青少年家庭教养的塑造，需要家长以身作则地成为青少年发展良好教养的榜样，并且利用家庭生活的积累帮助青少年逐步养成良好的家庭教养。

（二）网络信息变迁时代青少年的文化教养体现

青少年的文化教养，是他们家庭教养的重要组成部分，拥有良好文化教养的青少年，时刻以谦卑的态度面对人生，并且能够基于自身的文化教养基础，在社会生活的方方面面恰如其分地开展各项社会活动，从而体现出自身的优秀品格。

在网络信息变迁时代背景下，青少年的"教养"发展，受到了广大教师及家长的一致关注，而文化教养是青少年整体"教养"发展的重要体现。在当今的信息化社会背景下，社会所认同的文化教养，不仅仅局限于青少年群体学习成绩或者学历，而更多地体现在其日常生活中对于文化知识的实际运用的过程中。通过对于青少年文化教养的培养，能够促使青少年在加强学习积极性的基础上，更好地注重知识的应用性，促使学生"以知促行，以行成知"。

（三）网络信息变迁时代青少年的品德教养体现

青少年品德教养是青少年家庭教养的核心，如果说文化教养是青少年家庭教养的外在体现，那么青少年的品德教养就是青少年家庭教养的内在追求。通过引导青少年树立积极、健康的道德观念，从而使青少年能够在思想上管理好自己，在行动上约束好自己，最终获得良好的成长。

随着网络信息变迁时代的发展，人们愈发重视信息化社会背景下，青少年的品德教养发展。而青少年品德教养的本质，就是具有良好的基础道德修养，并能够利用自身的品德教养有效带动身边的人养成良好的道德品质习惯。

在网络信息变迁时代背景下，青少年品德教养的体现不仅仅局限在青少年的学习过程中，日常生活与网络社交中往往更能够看出一个青少年品德教养的高下。例如，网络虚拟社交中，能够自觉约束自身的网络言行，保持与现实生活中相同的正面思想道德表现，即是一个青少年品德教养的体现。总体而言，青少年在网络信息变迁时代背景下的品德教养，体现在日常的方方面面，需要青少年在保持线上、线下思想相统一的基础上，时刻不忘"网络道德"，从而体现出真正的品德教养。

第三节　学校与教育

一、网络信息变迁时代的学校育人价值定位

（一）为青少年进行必需的知识教育

学校是最为常见的社会教育机构，其根本功能，就是为青少年进行必需的知识教育。具体而言，在基础教育学校与高等教育院校中，各大中小学学校的基本育人功能，都首先体现在必需的知识教育基础之上，通过学校教育促使学生掌握人生发展所必备的知识。学生在校学习期间，通过接受学校传授知识的过程，能够有效地积累学习经验、养成良好学习习惯，为自身日后进入社会做好充分的知识储备，从而为自身今后的社会发展打下坚实的知识基础。

与此同时，在学校教育的过程中，教师应注重对于"立德树人"根本任务的落实，培养学生的道德品质、知识素养、个人能力、创新意识与人际交往能力，为学生构建起能够适应社会发展需要的必备品格与关键能力。

而网络信息变迁时代的到来，更加丰富了学校知识教育的途径，利用线上、线下结合的教育模式，能够在促进教育信息化发展的基础上，有效地帮助学生拓展学习空间，养成良好的自主学习习惯，从而在根本上提升大中小学学校的知识教育水平与知识教育效果，为青少年群体奠定日后长远发展所必备的关键学识。

（二）培养青少年养成优秀道德品质

无论一个人知识学识水平是高还是低，如果不具备优秀道德品质，那么这个人一定无法实现健康的发展。学校教育在为青少年进行必需的知识教育同时，其另一个核心功能就是培养青少年养成优秀道德品质，从而在落实"立德树人"根本任务的前提下，有效促进学生的全面发展。学校的道德教育能够对于青少年学生的综合素质起到整体性的塑造作用，突出青少年学生的道德品质发展价值，为青少年学生构建起能够符合社会发展需要的良好道德品质素养，以此促进青少年学生积极利用自身的道德品质发展，有效带动自身整体素质的提升。

在当前网络信息变迁的时代背景下，培养青少年优秀道德品质，不仅是各大中小学思政教师的教育责任，各学科教师以及班主任都需要积极培养青少年养成优秀道德品质。各个学校教师，应积极利用学校网络教育的资源优势，促进青少年群体在线上、线下相结合的教育过程中，积极倡导"社会主义核心价值观"，有效传承与弘扬中华优秀传统文化，在提升学生道德品质的基础上，更好地促进学生养成积极的道德发展观，从而促使学生无论是在当前的生活、学习过程中，抑或是在日后的工作、发展过程中，都能够利用优秀的道德品质指导自己、完善自己、提升自己。

（三）促进青少年发展出必备的人际交往能力

人际交往能力是青少年学生社会生存能力的重要组成部分，在学校的学习阶段，青少年学生的主要人际交往对象集中于教师及同学的群体范围中。青少年通过在校学习期间的日常人际交往过程，能够为真正踏入社会之后奠定坚实的人际交往能力基础，从而为自身的社会发展创造更多的便利。

学校是学生从家庭步入社会过程中的一个"关键桥梁"，甚至可以说"学校就是一个小社会"。学生通过学校学习的过程，不仅能够获得知识、提升道德品质，更加能够提高人际交往能力。在学生看来，日常与教师、同学的交往时间，甚至超过了与家长交流的时间，可以说与教师及同学的人际交往，是学生最主要的人际交往内容。学生在校期间的日常人际交往能力，也是学生进入社会之前的必备社会能力。

在当前的网络信息变迁的时代背景下，青少年接触社会的途径已不仅仅局限于学校范围，他们还能够利用各种网络途径，接触到虚拟社交的方方面面。鉴于这样的信息化社会背景，教师也应加强对于青少年网络人际交往能力的引导，在帮助青少年有效识别"网络社交骗局"的基础上，帮助学生认识到网络虚拟社交的风险，并为学生构建起基础的网络虚拟社交自我保护能力，引导青少年群体开展适度与健康的网络虚拟社交，从而更好地通过学校教育途径，协同提升学生的线上、线下人际交往能力。

二、网络信息变迁时代学校教育对于青少年心理健康发展的影响

（一）学校思政课程教育对于青少年心理健康发展的影响

学校的思政课程是落实"立德树人"根本任务的重要环节，思政课程的有序开展，能够为青少年学生树立远大的理想信念，促使青少年养成正确的三观，并且为青少年学生培养出优秀的道德品质，从而切实促进青少年学生实现全面发展。

在基础教育领域中，学校的思政课程承担了大多数青少年心理健康教育的责任；而在高等院校中，学校的心理健康教育在思政课程的整体教育体系下被划分为一门独立的课程。不管学校思政课程教育形式如何改变，其承担的青少年心理健康教育的功能从未受到影响。传统的学校思政课程教育包括了思想、道德、价值观、心理健康教育的诸多功能，对于学生的全面发展发挥了关键的作用。而网络信息变迁时代的到来，既为学校的思政课程教育有效地开辟了"网络思政教育"这一新途径；同时也为学校的思政课程教育带来了"网络安全"的新挑战。

具体而言，通过信息教育技术的应用，比如利用网络在线教学模式，积极拓展学校思政教育的空间。同时，学校思政教育还能够结合信息化社会背景下的"网络安全"问题，帮助学生积极树立"网络安全"观念，避免学生沉迷网络，抑或是掉入网络诈骗的陷阱。

（二）学校文化课程教育对于青少年心理健康发展的影响

青少年的健康成长与发展，离不开文化课程的教育与熏陶，学校的文化课程教育对于促进青少年养成适应社会发展需要的必备品格与关键能力发挥着重

要的作用，通过学校文化课程的教育过程，能够帮助青少年掌握真实可用的知识技能。

学校的文化课程，不仅承担着为学生培养文化素养的关键责任，同时也对于学生的心理健康发展具有关键的影响。在素质教育理念下，学校的文化课程教育也应更好地渗透相关的德育教育、心理健康教育内容，促使学生能够通过对于文化课程的学习，切实实现"全面发展"。

在网络信息变迁的时代背景下，学校的文化课程教育获得了互联网在线教育的新渠道，学校文化课程教师也能够通过与学生的日常网络交流，帮助学生解答学习问题与心理健康问题。学校文化课程教育的信息化拓展，既需要提升文化课程的教学质量，还应当更加突出学校文化课程的德育教育、心理健康教育的渗透价值。学校文化课程教师在与学生开展互联网沟通的基础上，可以利用课内外的互联网交流，积极进行符合本学科特点的心理健康教育渗透，还能够利用生活经验，帮助学生解决日常学习、生活过程中遇到的心理健康问题，以此促进学生真正实现全面发展。

（三）班主任管理对于青少年心理健康发展的影响

班主任作为青少年心理健康教育的重要实施者，其教育手段与教育理念都会对于青少年的长远发展产生持续性的影响。班主任的日常管理工作，包括对于青少年群体进行心理健康的引导，班主任通过对于班级青少年学生的日常了解，能够准确把握每一名学生的心理特点，从而更加具有针对性地开展相应的心理健康教育。

无论是在学生成长的哪一个阶段，班主任都是学生身边必不可少的"领路人"。通过班主任管理的途径，能够有效发现并解决学生的心理健康问题，从而促进学生始终保持积极的学习心态，完成在校学习期间的各种学习任务。在班主任主导、学生共同参与的新型班级管理理念下，班主任能够有效发挥自身的主导作用，帮助学生分析和解决各种各样的心理健康问题。

随着网络信息变迁时代的到来，班主任管理有了新型的"互联网班级管理"途径，这使班主任能够在日常教学管理过程中，利用网络班级管理途径，积极开展对于学生的心理健康指导。与此同时，班主任还应在与学生的线上、线下沟通过程中，积极聆听学生的心声，并及时发现学生心理健康发展的隐患，继而加以解决。在积极开展"线上、线下、管教结合"的班主任工作过程中，有效发挥班主任工作优势，将教育与管理有效统一，能够为学生的心理健康发展奠定更为坚实的基础。

三、提升网络信息变迁时代学校教育效果的建议

（一）积极利用信息化教育资源拓展学校教育空间

学校的教育空间与教学资源是宝贵而又有限的，通过对于学校的教育空间拓展，能够使学校进一步地满足相应的教育需求，从而为青少年学生带来更为实际的学习发展促进价值。

在网络信息变迁时代背景下，各大中小学学校教师应当根据具体的教学条件，积极利用信息化教育资源拓展学校教育空间。具体而言，在有条件的学校中，应积极建立学校信息化教学资源库，将各种教学资源分学段、分学科地进行统筹整理，从而更加高效有序地利用学校信息化教育资源。在基础教育阶段以及高等教育阶段，都能够通过建立信息化教学资源库的途径，有效提升各年级、各学科的教学资源针对性，有效减少教师的重复劳动。

而在拓展学校教育空间方面，各学校应根据自身教学情况，在积极开展网络教学的基础上，实现线上、线下结合的教学的推广，促使学生有效利用线上网络自主学习以及线下教学活动相结合的学习模式，积极地提升自身线上、线下学习素养，有效拓展自身线上、线下相结合的学习能力，从而在切实提升教学效果的基础上，更好地促进学生实现学习能力发展。

（二）有效建成线上、线下相结合的混合式教育模式

随着网络教育手段的逐渐完善，线上、线下相结合时教育模式凸显出了其独特的教育优势。学生在参与线上、线下混合式教学的过程中，能够基于线上、线下学习的融合，切实提升知识素养以及信息化学习能力，从而更为有效地实现全面发展。

在网络信息变迁时代背景下，线上、线下相结合的混合式教育模式，已经得到了广泛的推广运用。在各学校建立线上、线下混合式教学模式的过程中，首先应利用学生对于网络自主学习课件的自主学习帮助学生打下良好的课前网络线上学习基础，继而引导学生在线下的课堂教学活动过程中，基于自主、合作、探究的学习理念，积极与同学配合开展学习活动，从而达到有效提升学生学习自主性以及教学质量的目的。

在建立线上、线下混合式教育模式的过程中，不仅能够开展课程教学，而且还能够通过线上、线下相结合的心理健康教育，帮助学生有效解决成长发展过程中遇到的心理健康问题。具体而言，学生很多时候在与教师当面交流的过程中，不好意思明确展示自身的心理问题。而通过线上、线下相结合的心理健

康教育过程，能够促进教师通过网络途径了解学生的心理健康问题，继而便于在线下的心理健康干预过程中，帮助学生准确地解决心理健康问题。

（三）注重利用信息教育渠道提升学校心理健康教育质量

学校心理健康教育对于青少年群体的健康成长具有不可替代的教育作用。而随着网络信息变迁时代的到来，信息化的学校心理健康教育模式，能够有效地提升学校心理健康教育的质量，促使学生获得更为直接的心理健康发展。

如上文所述，在开展线上、线下相结合的学校心理健康教育过程中，教师能够通过线上网络交流的途径，更为准确地掌握学生的心理健康问题，从而进行更为准确的心理健康干预。在此基础上，教师应持续保持与学生的互联网沟通，利用自身的生活经验以及心理健康教育能力，积极地通过互联网渠道，为学生提供生活、学习以及其他各方面的心理健康指导。通过与学生日常的网络在线沟通，使学生充分加强对于教师的信任，同教师成为朋友。当学生遇到任何心理健康问题之时，教师应积极关切，并通过线上、线下的各种渠道，了解导致学生产生心理健康问题的成因，从而根据学生的具体心理健康问题，有针对性地进行解决。通过这样信息教育渠道的拓展，最终实现提升学校心理健康教育质量的目的。

第四节　社会文化与流行时尚

一、社会文化对于青少年心理成长的影响

（一）社会文化的定义分析

社会的文化结构主要是由社会意识形态构成的，是以社会意识形态为主要内容的观念体系的基本结构。社会意识形态是指反映一定社会经济形态、从而也反映一定阶级或社会集团的利益和要求的观念体系。那些不反映一定社会集团的利益和要求，在阶级社会中不具有阶级性的意识形态，如自然科学、语言学、形式逻辑等非意识形态也是社会文化结构中的重要组成部分。作为观念形态的社会文化，如哲学、宗教、艺术、政治思想、法律思想、伦理道德等，都是社会经济和政治的反映，并又给社会的经济、政治等各方面以巨大的影响。

青少年在接触社会文化的过程中，其思想会受到社会文化潜移默化的影

响，从而在不知不觉中产生了心理健康变化。具体在网络信息变迁时代背景下，社会文化又增添了信息化传播途径，使之对于青少年心理健康的影响更为直接，逐渐发展为"电子文化"。"人人接受并且参与电子文化活动的今天，广大青少年儿童的知识、技能、思想、观念不再完全依赖家长、老师、师傅和书刊，特别是在手机网络化和家庭数字化的过程中，除了学历教育外，青少年儿童的思想、观念以及言行将越来越多地受到电子文化的影响。"[①]

（二）社会文化对于青少年心理成长的积极影响

社会文化作为一种思想潮流或者社会科学，首先能够对于青少年产生积极的影响。青少年群体在生活、学习乃至工作过程中，能够通过线上、线下的各种渠道接触社会文化，而在当今的主流文化传播领域，所传播的社会文化一般是积极、正面的，从而也就对于青少年群体产生积极的心理成长影响。

例如，绘画艺术作为一种社会文化，对于爱好它的青少年群体，就能够有效地产生积极的心理成长影响。青少年接触绘画艺术的过程中，首先会对于绘画艺术品加以欣赏及品评；对于绘画艺术产生进一步爱好的青少年群体，还会通过自主学习或者专业学习的途径，学习中西方绘画艺术的创作。通过绘画艺术创作学习的过程，能够使他们在绘画艺术的创作与学习过程中积极提升自身审美观念，有效磨炼心性，从而体现出了社会文化对于青少年心理成长的积极影响作用。

在青少年心理健康教育的过程中，教师及家长应当引导青少年广泛地了解各种积极正面的社会文化，促使青少年在加强对于社会文化的理解与认识基础上，培养出积极健康的社会文化爱好，从而有效实现利用社会文化陶冶情操的青少年心理健康教育目的。

（三）社会文化对于青少年心理成长的消极影响

作为一种社会思想潮流或社会科学，少部分的"通俗"的社会文化对于青少年的心理成长能够起到消极的影响。具体而言，虽然在主流文化传播渠道所传播的社会文化都是积极的，但是在部分"小众"范围中，"通俗"的社会文化依然流行，而网络信息变迁的过程，为这些"通俗"社会文化，带来了更为广阔的传播途径。

在青少年心理健康教育过程中，教师及家长应当对于青少年所关注的社会文化进行详细的了解，防止消极社会文化对于青少年心理健康成长的侵蚀。一

---

① 肖正礼.电子文化对青少年儿童的影响[M].武汉：湖北科学技术出版社，2014：6.

且发现青少年对于消极社会文化产生兴趣，应及时利用心理健康干预的手段，阻断青少年对于消极社会文化信息的获取，从而为青少年创建出积极、正面的心理健康发展环境。

二、流行时尚文化对于青少年心理成长的影响

（一）流行时尚文化的定义分析

在不同的社会科学领域，对于流行时尚的定义各不相同。就青少年心理健康领域而言，所谓的流行时尚，就是在一定的传播媒介下，拥有特定受众群体的"流行文化"现象。在当今的互联网传播领域中，"短视频平台""微信公众平台"以及"微博"等媒体传播平台都是流行时尚的主要传播平台，各大网络媒体传播平台也同样重视利用流行时尚的热点，吸引社会群体的关注。

（二）流行时尚文化对于青少年心理成长的积极影响

作为一种流行的文化现象，流行时尚在一定程度上对于青少年群体的心理成长具有积极影响。在当今的流行时尚网络传播模式下，一些具有"正能量"价值的流行时尚元素，能够起到丰富课余文化生活、激励青少年群体志气、缓解青少年群体心理压力的正面作用。

例如，在当今的"流行音乐"领域，青少年群体通过接受"流行音乐"文化的过程，首先能够利用自身对于"流行音乐"的欣赏，缓解部分生活、学习压力。同时，在很多广泛传播的"流行音乐"中，歌词的内容对于青少年群体起到一定的励志作用，从而引导青少年群体构建起更为积极的成长、发展观念。因此，青少年对于"流行音乐"文化的追逐，如果能够适度，还是具有一定积极的促进价值的。

在青少年心理健康教育的过程中，教师及家长应当充分了解青少年对于流行时尚文化的认识，并且引导青少年能够适度地接触流行时尚文化，将流行时尚文化作为自身的一种业余爱好，从而更好促进青少年学习与生活的健康发展。

（三）流行时尚文化对于青少年心理成长的消极影响

青少年在追逐流行时尚文化的过程中，如果不能准确把握接触流行时尚文化的尺度，那么就很可能受到流行时尚文化的消极影响，对于青少年的心理健康发展产生相应的副作用。

当今的大部分流行时尚文化，都是建立在相关的经济利益链条基础上，因

此对于自身缺乏经济收入的青少年群体而言，花费金钱追逐流行时尚文化，会为自身的家庭带来不必要的经济支出。与此同时，相较于金钱的损失，心理健康的消极影响对于青少年群体更为突出。

第七章　网络信息变迁时代青少年心理教育的开展途径

第一节　家庭教育：共生与成长

一、家长与青少年的共生与成长价值研究

（一）家长与青少年的共生与成长意义分析

家长与青少年的共生成长是一种新型的家庭教育观念，通过家庭教育观念的转变使家长与青少年处于一个平等的家庭地位中，并且利用民主化的家庭教育理念，有效提升家庭教育的质量。

"共生"一词本指生物学中的"共生关系"，在家庭教育领域，家长与青少年的"共生"可以理解为共同生活、共同发展。实现家长与青少年的共生与成长，首先就需要家长转变家庭教育观念，将自身与子女放在一个平等的地位上来看待，从而积极提升青少年对于家庭教育的接受程度。与此同时，通过家庭教育的共生与成长过程，不仅可以促进青少年的健康成长，同样对于家长的成长也能够发挥出积极促进作用。最后，家长与青少年的共生与成长，需要家长与青少年加强对彼此的包容，家长在青少年犯下错误之时，不必盲目斥责，而是应当在平等沟通的基础上，找到青少年犯下错误的原因，从而有针对性地进行解决；而青少年在面对家长的家庭教育过程中，也应当更加耐心，认真总结思考家长的教育意见，从而有效提升家庭教育的效果。通过家长与青少年的共生与成长，能够促进家长的教育能力与青少年的心理健康水平协同发展，以此

从根本上提升家庭教育的质量。

（二）家长与青少年共同构建和谐家庭环境

和谐的家庭环境是确保青少年健康成长与发展的家庭教育基础。通过建立和谐平等的家庭环境氛围，能够促使青少年受到良好家庭教育的熏陶，从而为青少年在人生发展的起步阶段奠定起良好的成长发展基础。

具体而言，在家长与青少年的共生与成长过程中，和谐的家庭环境必不可少。而和谐家庭环境的构建则需要家长与青少年的共同努力。家长的家庭教育观念转变，首先要在自身与子女之间建立起平等的亲子沟通模式，家长要学会倾听子女的意见，子女也要充分尊重家长的建议，从而在平等的亲子沟通过程中，有效地提升亲子沟通的深度与效果。其次，为了构建和谐家庭环境，家长应当尽量避免对于子女的批评与指责，遇到了家庭教育问题，能够通过积极沟通的途径，科学合理地解决问题，而不是因为一些小事为家长及子女的沟通增添不必要的烦恼。最后，通过积极有效的家庭教育手段，家长应让子女在充分明确家长对于自身的爱的基础上，促进子女能够对于家长实施同样"爱的回报"，从而促使家长与子女共同建立起"和谐有爱"的家庭环境。由此可见，构建和谐家庭环境需要家长与子女的共同努力，以此充分提升家庭教育的实效性。

（三）家长与青少年的共生与成长实现途径探究

家长与青少年共生与成长的家庭教育模式，有效地拓展了家庭教育的内涵，通过家庭教育的过程，促进家长与青少年实现了对等的心理沟通与交流，能够帮助青少年与家长实现更为亲密无间的家庭交流。

在构建和谐家庭环境的基础上，家长与青少年的共生与成长，首先需要家长做好子女的表率，利用自身的积极、健康行动，为子女做出相应的示范，从而通过日常生活的点滴渗透，使子女受到潜移默化的影响，也能够更好地提升家长自身的教育水平。其次，家长要与子女之间增进相互的沟通，通过以现实沟通为基础，网络沟通为补充的亲子沟通模式，积极促进家长与子女双方的相互认同、相互理解，从而有效提升家庭教育的效能。最后，家长与青少年的共生与成长实现，需要家长与子女之间更好地包容对方；遇到了问题，需要在相互理解对方的基础上，进行换位思考，从而寻找出问题的成因以及解决对策，这样才能够更好地提升家庭教育质量。由此可见，家长与青少年的共生与成长的实现，需要家长与子女之间的相互配合、相互包容、共同努力。

二、通过家庭教育有效提升青少年的心理健康水平

（一）通过网络学习提升家长心理健康教育能力

每个人天生都不是家长，在家长开展家庭教育之时，如果遇到了自身难以解决的家庭教育问题，可以通过网络学习的方式，寻找解决家庭教育问题的答案，从而有效地提升家庭教育能力。家庭教育对于青少年心理健康的促进价值见图 7-1。

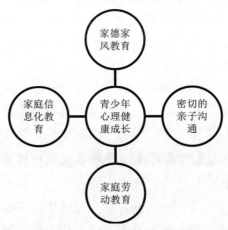

图 7-1　家庭教育对于青少年心理健康的促进价值

具体在提升家庭教育质量的过程中，家长可以积极通过信息化学习模式，利用网络学习的过程，提升自身的心理健康教育能力，从而更好地教育子女，促进子女获得更为出色的成长与发展效果。在当今的网络信息变迁时代背景下，针对家长的网络教育资源比比皆是，虽然并不是每个家长都需要花费金钱进入"家长网络培训班"学习，但是通过日常浏览家庭教育公众号等免费的信息化学习途径，也能够有效提升家长的家庭教育水平。

而在家长开展网络学习的基础上，衡量家庭教育成败的最基本标准就是青少年的心理健康程度。在家长提升自身家庭教育水平的同时，应当摒弃"唯成绩论"的落后家庭教育思想，以促进青少年健康成长的理念，通过家庭教育中的日常渗透以及问题导向教育，积极为青少年建立起对其健康成长有益的家庭环境，从而更好地实现家长与青少年之间的共生与成长。

（二）利用信息化沟通手段拓展亲子沟通渠道

随着网络信息变迁时代信息化沟通手段的不断提升，现代化的亲子沟通途

径不断完善，为家长及子女提供了更为广阔的沟通交流渠道。在当前的家庭教育过程中，家长与子女的微信沟通已经成为当代家庭教育的新常态，乃至于传统的家庭电话沟通途径也逐渐被微信的语音及视频功能所取代。这样的现代化的信息沟通手段，为家长及子女提供了长期、稳定的家庭沟通渠道，即使子女住校或者独立组建家庭，也能够时常地通过信息化沟通渠道，相互了解彼此的生活状况。

例如，在当今家长与子女的微信沟通过程中，通过"朋友圈"的互相关注，能够有效地促使家长与子女了解相互之间的日常生活状况，并根据"朋友圈"的具体内容，给予对方一个"亲切又不失优雅"的点评，从而利用信息化的亲子沟通渠道，切实提升家长以及子女的日常沟通质量。

由此可见，家长与子女的信息化沟通，能够进一步拉近家长与子女的距离，促进家长有效地了解子女的学习发展动态或者是生活现状，从而能够更加具有针对性地开展家庭教育，也能够进一步提升家庭教育的效果。

（三）通过家长的人生经验为青少年解答成长的困惑

在家长与子女的共生与成长过程中，家长应当有效地基于自身的人生经验总结，帮助子女有效解答成长的困惑，从而促进子女获得更为高质量的家庭教育指导，帮助其利用家长的人生经验解决自身在成长过程中遇到的实际心理问题，以此更好地提升家庭教育质量。

家长的人生经验虽然不一定十分丰富，但是家长也曾经历过青少年发展历程，他们的人生经验对于青少年的学习、成长与发展具有一定的参考价值。在青少年遇到成长中的困惑之时，家长首先要悉心倾听青少年的心声，继而站在一个"过来人"的客观立场上，帮助青少年分析解决成长中的困惑，从而实现良好的家庭教育效果。

现今很多的青少年，遇到了成长问题时不敢直接向家长请教，而是通过网络检索的途径寻找解决问题的答案，这样的方法很难结合青少年的具体情况而给出青少年适当的问题解决对策。家长在家庭教育过程中，如果发现子女出现了心理问题，应当积极与子女展开交流，引导子女在自愿的原则下，主动与家长探讨解决自身成长、发展问题的途径。而子女也应当信赖家长，将内心声音有效地传递给家长，从而获得家长基于自身人生经验和现实家庭情况而给出的成长、发展建议。

三、利用家庭教育为青少年构建良好成长环境

（一）积极发挥家庭教育中的家德、家风教育优势

家德、家风的构建，既是社会公德实现的家庭基础，同时又是家庭教育的关键途径，通过家庭教育中有效的家德、家风树立过程，能够在切实提升家庭教育质量的基础上，更好地促进青少年养成良好道德品质，从而在其今后步入社会的过程中，更好地成长、发展。

一个具备良好家德、家风的人，即使不刻意显露，其身上的优秀家德、家风也会在日常生活中逐渐体现出来，从而更好地获得他人的认可与接纳。相反的是，如果一个人受到不良家德、家风的影响，那么他的身上一定就会呈现负面的品性，从而使人们日渐疏远他。通过家庭教育中的家德、家风的树立，能够为青少年构建健康的成长环境基础，从习惯养成开始，利用一点一滴的健康生活习惯积累，促进青少年的健康成长，以此达到学校教育与社会教育难以实现的作用，从而更好地体现出家庭教育不可替代的价值。

（二）合理利用信息教育途径促进青少年健康成长

随着网络信息变迁时代的到来，信息化教育手段有效地拓展了传统家庭教育的途径，能够切实提升家庭教育的质量，为青少年的健康成长发展贡献出更为积极的促进价值。

在当今的信息化社会背景下，生活处处需要利用信息化技术手段，计算机、手机与互联网已经成为人们日常生活中不可或缺的工具。在家庭教育过程中，家长也应当合理利用信息教育途径，切实促进青少年获得更为健康、高效的成长与发展效果。

例如，在子女初步接触计算机或者手机之时，家长首先应为子女介绍计算机或手机是一种服务于现实生活的工具，引导子女正确地认识到人是信息技术的利用者，而不能被信息技术所支配，避免子女出现沉迷网络问题。同时在家庭的信息教育过程中，家长还应结合子女的不同人生发展阶段的特点，为子女提供相应人生发展阶段的信息技术应用指导。例如家长指导中小学生利用搜索引擎搜索学习问题，或者为高校学生提供拓展学习信息资源等。通过家庭教育中的信息技术运用，有效地促进青少年养成信息时代必备的信息素养与信息应用能力，从而帮助青少年更为符合信息化社会对于人才的发展需要。

（三）实现家长与青少年的高质量共生与成长

总体而言，家长与青少年的高质量共生与成长，应当建立在家庭成员彼此

信任、彼此包容、彼此理解的基础上，利用平等和谐的家庭教育环境，为家长以及青少年子女构建起共同生活、共同成长、共同进步的亲子关系。通过家长与青少年共生与成长的家庭教育理念的落实，能够在进一步拉近亲子距离的基础上，促进青少年获得更为高质量的家庭教育基础，并且促进家长在家庭教育的过程中，实现自身家庭教育能力的有效发展，从而构建起家长与青少年的高质量共生与成长的家庭教育模式。

为了实现家长与青少年的高质量共生与成长，家长需要放下架子，以一个平等的姿态面对子女，并在日常生活中，利用点滴的家庭教育与家德、家风积累，促使子女养成正确的成长、发展观念。而对于青少年子女来讲，首先应在充分尊重家长的基础上，悉心听取家长对于自身成长、发展的意见，如果自身对于一些事物具有独特的看法，也要积极同家长交流，从而使传统的单向式家庭教育，成为家庭成员相互教育、相互学习的互动式家庭教育。这样的家长与青少年高质量共生与成长，是建立在家庭成员相互关爱的基础上的。家庭成员彼此间的关爱逐渐积累成为良好的家德、家风，并在遇到问题之时携手解决问题，从而在促进青少年健康成长的基础上，也促进了家长的不断成长。

第二节　学校教育：预防与干预

一、学校教育的核心教育地位分析

（一）学校教育对于青少年的成长具有关键性作用

"十九大"报告明确指出："建设教育强国是中华民族伟大复兴的基础工程，必须把教育事业放在优先位置，深化教育改革，加快教育现代化，办好人民满意的教育。"而教育强国的建设，其主体就是建设完善的学校教育。学校教育是青少年由家庭步入社会的主要桥梁，通过学校教育的开展，能够培养青少年适应未来发展需要的必备品格与关键能力，促进青少年的社会交往能力的发展，并且为青少年构建起良好的心理健康与道德素养基础。

对于学校教育的教育作用而言，最为基本的教育任务即是"立德树人"，而在"立德树人"的导向下，学校教育根据不同学段、学科，进行对于青少年人才的分阶段培养。在具体的学校教育过程中，虽然学段、学科有所不同，但是其目的都是促进学生实现健康成长与全面发展。通过学校教育的不可替代过程，有效地为每一名学生提供关键性的成长发展平台，促使学生能够在接受学校教育提升自我的过程中，利用对于各个学习阶段以及具体学科的有效学习，获得其从家庭步入社会的必备品格与关键能力，从而更好地为社会培养后备人才。

（二）通过学校教育引导青少年找到正确人生发展方向

在当代的中国社会背景下，学校教育已经实现了九年义务教育的普及，以及高等教育的普遍性推广，使得每一名中国青少年都能够获得平等的接受教育的权利。

通过学校教育的过程，能够帮助学生树立正确的学习发展观念，从而促使学生以学校学习为契机，迈出人生发展的坚定步伐，系好人生发展的第一粒扣子。

在学校教育的开展过程中，教师需要积极基于学校教育体系，引导青少年找到正确人生发展方向，促进青少年学生有效实现"德、智、体、美、劳"全面发展，从一名懵懂的儿童真正发展成为社会主义的建设者和接班人。在学校教育的育人过程中，教师要积极明确自身的育人使命，带着为社会主义培养建设者和接班人的责任感，积极开展具体的教育过程；在素质教育理念下，不以学生的学习成绩作为评价学生的唯一标准，积极注重对于学生的思想道德建设以及心理健康教育，使学生能够通过接受学习教育的完整过程，掌握真实可用的社会工作能力与社会适应能力，最终成长为祖国的栋梁之材。

（三）学校教育是短时间整体提升青少年综合素养的唯一途径

在我国乃至世界范围内，学校教育一直都占据着主流的教育地位，这是因为学校教育是短时间整体提升青少年综合素养的唯一途径。在我国当代的学校教育过程中，全部学生都需要接受九年义务教育，大部分学生都要通过三年高中教学进入高等教育课堂。虽然学生接受学校教育的过程漫长，但是学校教育能够赋予学生的综合素养提升价值，是其他任何类型的教育形式无法比拟的。成熟的学校教育体系，能够在有限的学校教育时间内，为青少年学生带来学习成果的高质量发展。青少年学生通过接受完整的学校教育过程，可以全面系统地掌握日后发展所需的关键知识，并掌握真实可用的社会生存能力。

就学校心理健康教育领域而言，我国的学校心理健康教育，针对学生不同发展阶段的不同发展问题，总结出了适合相应年龄段学生的普遍性心理健康教育方法。同时各阶段的学校教育大环境为学生们提供了增进彼此认识、加深彼此交往的校园平台，能够使学生通过在校学习的过程，充分培养自身的社会适应能力与人际交往能力。

由此可见，通过学校教育的有效开展，既能够为学生培养出适应社会发展需要的知识能力，同时又能够为学生构建起符合社会发展需求的社会适应能力与人际交往能力，能够在一定的时间内，赋予学生最佳的学习发展成果。

二、通过学校教育有效预防青少年心理问题

（一）在日常学校教育中为学生树立健康成长发展观念

青少年学生在接受学校教育的过程中，首先需要树立健康的成长发展观念。教师在培养青少年产生正确的是非观念的基础上，通过对于青少年成长与发展的指导，帮助青少年尽早地构建起人生发展规划，从而使青少年能够确定具体的成长发展目标，继而朝向自身的人生发展目标不断前进。

在心理健康教育领域，教师应积极通过日常学校教育的过程，为学生树立起健康的成长发展观念，通过树立正确的成长发展观念，有效预防青少年可能产生的基础理念性心理健康问题，从而促使绝大部分学生能够实现健康的成长与发展。

在学校教育的日常心理健康渗透过程中，教师应积极本着"社会主义核心价值观"理念，引导学生养成符合社会发展需要的价值观，并且在日积月累的行为习惯培养过程中，通过师德、师风建设，为学生做出日常学习生活的表率，以表率与榜样的力量引导学生朝向健康的方向发展，从而有效避免学生由于对自身成长发展目标模糊而产生的各种附带性心理健康问题。总体而言，要实现学校心理健康教育的高效发展，首先就应当通过日常教育的渗透，引导学生明确正确发展方向，从而切实实现健康成长与全面发展。

（二）结合网络信息变迁时代背景开展有针对性的心理教育

教师想要提升心理健康教育的质量，就需要在准确把握青少年学生心理发展特点的基础上，不断提升心理健康教育的针对性，从而利用具体问题具体分析的心理健康教育过程，帮助学生有效解决实际的心理健康问题。

在网络信息变迁时代背景下，学生容易受到网络负面思潮的影响而产生相应的心理健康问题。对于学生接触网络的过程，教师应正确看待其正反两方面的价值，利用"堵不如疏"的教育理念，引导学生积极健康地接触互联网，并且有效利用计算机、互联网技术促进自身的学习与生活，有效避免学生出现"沉迷网络"现象。

在网络健康教育的针对性开展过程中，教师也可以有效发挥网络教学优势，将网络心理健康教育的课堂有效地通过网络渠道推荐给学生，引导学生在日常的学习生活过程中，能够正确利用计算机、互联网技术开展网络自主学习，从而减少学生因沉迷网络而影响学习、发展的心理问题产生。总体而言，学校的网络健康教育应以预防为主，结合长期以来积累的网络健康教育经验，引导学生能够正视网络的"工具性"价值，合理、正确地运用计算机、互联网技术，为学生的心理健康发展奠定坚实的网络健康教育基础。

（三）通过学校教育为学生打好心理健康的预防针

学校的心理健康教育，应当以预防青少年产生心理问题为导向，在青少年学生未发生相应心理健康问题时，开展相应的心理健康预防教育，从而使青少年学生能够在面对相应的心理健康问题之时，有效地避免心理健康问题对于自身的影响。

在学校心理健康教育的过程中，教师需要根据特定学生的具体心理特点，提前为学生打好心理健康教育的预防针，促进学生提前产生对于各种线上、线下心理健康问题的免疫力。例如，教师可以利用"案例教学法"，为学生展示在相同年龄段，往届学生所产生的心理健康问题，并且通过有效"案例分析"的过程，为学生明确当前年龄段多发心理健康问题的成因、危害及解决方法，从而在学生尚未发生心理健康问题之时，提前为学生打好心理健康问题的预防针。

通过日常的心理健康教育预防过程，能够使相应年龄阶段的学生，通过学习、分析往届同年龄段学生的心理健康教育案例，主动地了解在当前年龄阶段会遇到的一些普遍性心理健康问题，从而促使学生站在自身的角度和立场上，有效与"案例对象"对比，及时找到并排除自身的心理健康隐患，从而避免自身被同样或类似的心理健康问题困扰。

三、利用学校教育的心理健康干预手段促进青少年健康发展

（一）通过教师的有效观察及时发现青少年心理问题

在学校心理健康教育的过程中，教师对于青少年学生的有效观察，能够及时地发现青少年学生的心理健康隐患，从而能够在青少年学生出现心理健康问题的早期及时地进行心理健康干预。

具体而言，利用心理健康教育的预防过程，能够最大限度减少学生心理健

康问题的发生，但是不能完全避免学生心理健康问题的发生。因此在学生出现心理健康问题苗头的阶段，教师的早期心理健康干预尤为重要。教师在日常的教育教学过程中，应当养成随时观察学生心理细微变化的良好习惯，并通过有效观察过程，及时发现青少年出现心理健康问题的苗头，从而利用早期心理健康干预的途径将学生的心理健康问题消除在萌芽阶段。

例如，一名学生出现了沉迷网络的现象，那么他在日常的学习过程中，也一定会存在学习注意力分散的表现。教师在观察到学生相关表现的基础上，可以利用家校沟通的方式，联系学生家长，了解学生的家庭生活情况，从而确定学生的心理健康问题；继而寻找学生进行师生沟通，了解学生沉迷于网络的成因，并且对症下药地帮助学生走出沉迷网络的泥潭。通过这样积极观察学生日常学习表现，并且进行早期心理健康干预的过程，能够将大部分学生的心理问题消除在早期的萌芽阶段。

（二）利用科学的心理健康干预帮助青少年解决心理问题

当学生出现心理健康问题并已经有所发展的时候，教师则应当利用科学的心理健康干预方法，帮助学生积极解决心理健康问题。在帮助学生解决较为严重的心理健康问题过程中，教师可以根据学生的心理健康状态，为学生寻找类似心理问题的网络心理健康调查问卷，并通过在线问卷调查的过程，有效地明确学生心理健康问题的发展情况，从而采取有针对性的心理健康干预手段。通过教师的主动心理健康干预过程，能够帮助学生利用正确的途径合理地解决各种心理健康问题，并且为青少年日后的心理健康发展积累相应的"挫折经验"，促进青少年在日后面对类似心理健康问题时能够从容不迫地化解问题。

在正式开展心理健康干预的过程中，教师应充分尊重学生的个体尊严，引导学生在轻松愉悦的师生对话沟通过程中，向教师展示自身的真实思想动态，从而更加便于教师给予有针对性的心理健康辅导。通过对学生的心理健康问卷调查，加上师生的沟通，教师可以有效总结出学生的心理问题所在，帮助学生在排解心理障碍、化解心理问题的过程中，切实地解决心理问题，促使学生能够尽快解决问题、排除忧虑，从而准确地帮助学生解决各种心理健康问题。

（三）通过心理健康辅导促进青少年尽快回归正轨

很多青少年学生遇到并解决相应的心理健康问题之后，面对自身曾经出现的心理健康问题久久不能平复，将自身的心理健康问题当成了成长发展的包袱，从而在长时间内不能回归生活、学习的正轨。因此，在帮助产生心理健康问题的学生准确化解了心理健康问题之后，教师还需要对于相关的问题学生进行一段时间的观察指导，在防止学生心理健康问题反复的基础上，促进学生能够尽快找回正确状态，用更短的时间回归生活、学习的正轨。

在开展对于问题学生的心理健康持续辅导的过程中，教师应促使学生明确自身的心理健康问题已经得到了有效解决，不要将自身曾经的心理健康问题当作未来学习、生活的负担，促使相关学生能够尽快地回归到正常的生活节奏之中。在引导问题学生回归到正常学习、生活的心理健康辅导过程中，教师还能够利用"沙盘游戏"了解学生的最新心理发展动态，抑或是利用"音乐疗法"使学生逐渐舒缓心理压力，等等。总之，教师应有效利用各种心理健康教育辅助方法，帮助曾经出现心理健康问题的学生逐渐适应正常的学习生活节奏。

第三节 社会教育：制度规范与文化引领

一、社会教育的重要性分析

（一）社会教育具有普遍性的特点

社会教育具有广义与狭义两个方面。广义的社会教育泛指平行于家庭教育与学校教育的一切教育形式；狭义的社会教育专指社会文化教育机构对青少年和人民群众开展的各种文化和生活知识的教育活动。无论是广义的社会教育还是狭义的社会教育，它们都具有普遍性的特点。青少年作为社会教育的受众群体，在日常的社会生活的方方面面，都会受到持续不断的社会教育。所谓"世事洞明皆学问，人情练达即文章"，青少年在普遍性的社会教育背景下，能够不断提升自身的社会适应能力，并且还能够有效地了解相应的社会制度规范，从而在自身的发展过程中，逐渐加深自身对于社会群体的融入感，最终在完成学校教育之后完全步入社会。社会教育是活的教育，它的深刻性、丰富性、独立性、形象性远非学校教育可比。协调社会教育力量可培养学生积极参加社会活动的能力，能将分散的、自发的社会影响纳入正轨。

由于社会教育具有普遍性的特点，青少年群体能够随着日常生活的发展，逐步积累社会教育经验，在不断适应社会的过程中，时刻发展自身的社会阅历，并在不丧失客观思考能力的基础上，正视各种社会制度规范与文化现象，从而为自身正式步入社会做好充分准备。

（二）社会教育具有较强的主题色彩

在我国的社会教育背景下，社会教育的主题往往也和国家发展观念相吻合。通过我国主流的社会教育倡导，促使全体中华儿女形成"中华民族共同体"意识，将力量汇聚到"实现中华民族伟大复兴"的历史使命当中。与此同时，我国的社会教育还在紧贴道德与法治教育的基础上，更加倡导文化引领的价值，从而形成社会制度规范与文化引领并行的社会教育格局。我国社会教育在为每一个中国社会成员构建起相应的法治制度规范、道德制度规范的基础上，倡导"文化自信"的社会教育文化引领导向，促使每一个中国社会成员都能够遵守法制与道德的制度规范，并且生成积极的"文化自信"品格。

（三）社会教育是促进青少年融入社会的关键过程

社会教育是青少年群体融入社会的关键过程，并会在青少年完成学校教育之后，持续性地影响青少年的生活与工作发展。因此，对于每个青少年而言，社会教育都是将伴随其终身发展的教育形式。现代学校教育同社会发展息息相关，青少年一代的成长也迫切需要社会教育密切配合。社会要求青少年扩大社会交往，充分发展其兴趣、爱好和个性，广泛培养其特殊才能，因此，社会教育对广大青少年的成长来说也具有极其重要的意义。

在青少年接触家庭教育以及学校教育的基础上，也在日常的社会生活中受到潜移默化的社会教育影响。通过青少年对于社会经验的持续积累，其社会适应能力必将持续提升，从而促使青少年群体与社会发展的关联愈发紧密，并最终发展成为一名独立的社会成员。青少年步入社会是其人生发展的必然趋势，而相应的社会教育过程，是促使其真正融入社会的关键性教育过程。在我国当前的社会教育过程中，制度规范与文化引领协同发力，利用全面的社会教育网络，能够促使青少年群体在树立制度规范的基础上，形成普遍性的文化认同与理解，从而懂得尊重他人以及学会与他人相处，并最终完全融入社会生活。

二、社会教育的制度规范研究

（一）社会教育的法治制度规范研究

法治是人类社会进入现代文明的重要标志。法治是人类政治文明的重要成果，是现代社会的基本框架。大到国家的政体，小到个人的言行，都需要在法治的框架中运行。在我国的各类社会教育的开展过程中，其最为根本的底线即是法治制度规范。法治制度规范规定了我国社会各行各业以及社会通行的法律与法规，并且在社会出现新型社会生产关系之时，还能够通过人民代表大会制度进行立法，从而为新型的社会生产关系构建最基础的法治底线。

青少年在接受社会教育的过程中，首先，应当遵守社会教育的法治制度规范，从遵法、守法做起，发展到学法、用法，从而能够在确保自身不违背相关社会法治制度规范的基础上，学会利用法律的武器保护自己。在法治制度规范的社会教育发展过程中，青少年群体能够充分对于法治制度规范产生专属的意识感，即法律意识。通过社会教育对于青少年群体法律意识潜移默化的影响，最终促使青少年群体在自觉遵守法律的基础上，影响和带动身边的人有效提升法律意识，从而更好地促进青少年实现群体性的法律意识提升。

（二）社会教育的道德制度规范研究

所谓制度规范，是指组织为有效实现目标，对组织的活动及其成员的行为进行规范、制约与协调而制定的具有稳定性和强制力的规定、规程、方法与标准体系。法律意识是社会教育以及社会生活的底线，而社会教育中的道德制度规范则是提升全民道德素养的必由之路。与法律条文相比，社会中的道德制度规范往往是模糊的。道德是法律框架内人与人交往过程中形成的日常行为准则，因此，也被称为"公序良俗"。而随着社会的发展变迁，道德观念也在不断地发展变化。

在青少年接受社会教育的过程中，道德制度规范是青少年必须遵守并且注重的思想标准与行动导向。青少年群体通过日常的社会生活实践，逐渐积累起相应的道德品质。而在狭义的社会教育层面，道德制度规范教育也是我国经常针对青少年开展的专项社会教育，通过现实生活中的集中道德制度规范教育，以及基于电视媒体与网络媒体传播的在线道德制度规范教育结合开展，能够为青少年群体构建起一个较为完善的社会道德学习平台，促使青少年群体在更短的时间内获得更为显著的道德素养发展。

（三）网络信息变迁背景下的社会教育制度规范研究

在网络信息变迁背景下，我国的相关部门利用大量的社会教育资源，专门开展了如"青年大学习"以及"开学第一课"等类型的专项网络社会教育。同时，在广义社会教育的日常开展过程中，网络中方方面面的信息都对青少年群体具有教育与引导作用，而主流网络媒体的网络社会教育一定是符合社会道德与法治制度规范的。在法治制度规范的整体框架下，通过网络宣传的途径，能够使青少年对于相关的法治制度规范进行充分的了解，利用互联网的媒体传播价值，积极促进法治制度规范的推广与宣传。

青少年在利用网络的过程中，应当积极遵守法律底线，并根据社会主流的道德制度规范，引导自身客观地分辨各种良莠不齐的网络信息，并能够有效过滤不良网络信息，积极倡导文明网络风尚。通过青少年的网络社会教育学习，促使青少年形成对于网络信息的分辨能力，并以此抵御不良网络信息以及非法网络信息的危害，在促使青少年群体养成文明上网习惯的基础上，合理合法地利用各方面网络资源促进其生活、学习乃至工作的不断提升，从而更好地体现出网络信息变迁背景下的社会教育作用。

三、社会教育的文化引领探究

（一）通过社会教育的文化引领促使青少年生成文化自信

文化引领具有牢牢把握社会主义先进文化前进方向，推动社会主义文化大发展、大繁荣，充分发展文化引领风尚、教育人民、服务社会、推动发展的作用。这是实现富国强民新跨越的精神动力。

在社会教育发挥制度规范作用的同时，社会教育的文化引领作用也同样重要。通过社会教育的文化引领过程，能够促使青少年积极学习先进文化，有效摒弃落后文化，进而形成"文化自信"的精神发展风貌。

所谓"文化自信"，是新时代中国人民的必备文化品格，同时，也是新时代中国人民对于中华优秀传统文化的传承与发展，以及对于社会主义新文化的认同与理解。通过社会教育的文化引领过程，能够使青少年在接受各方面线上、线下社会教育的过程中，更好地生成"文化自信"的精神发展风貌，并促使青少年利用自身的"文化自信"发展，有效地影响和带动身边的同学与好友，共同加深对于中华优秀传统文化传承的使命感，以及对于社会主义新文化接受的认知能力，从而切实地发挥文化引领作用，促使青少年通过社会教育过程更好地实现全面发展。

（二）网络信息变迁背景下的社会教育文化引领途径

注重文化引领的过程，是培养青少年形成高度的文化自觉的内在要求。文化是民族的血脉和灵魂，是国家繁荣振兴取之不尽、用之不竭的力量源泉，对于青少年而言，则是他们实现健康成长的必备品格。

在网络信息变迁背景下，社会教育的文化引领途径被进一步的拓展，并且基于网络媒体平台的传播优势，构建起更加便于青少年学习、利于青少年运用的社会教育文化引领新模式，使社会教育的网络文化引领价值得到了进一步的体现。

对于网络文化信息引领的新型社会教育途径而言，既突出了主流媒体的舆论宣传导向，同时又能够针对不同青少年群体的不同特点，开展有针对性的网络社会教育，促使社会教育文化引领在提升传播性的基础上，还体现出了针对性教育的特点。例如，在"青年大学习"的开展过程中，既包括了对于模范人物的网络学习，同时又加入了广泛的在线青年学习答题互动活动，能够使青少年在接受社会教育文化引领的过程中，进一步产生对于"青年大学习"的兴趣感和参与感，以此达到有效提升社会教育文化引领价值的目的。

（三）利用社会教育文化引领有效提升青少年的社会适应能力

社会适应能力是指人为了在社会上更好地生存而进行的心理上、生理上以及行为上的各种适应性的改变，与社会达到和谐状态的一种执行适应能力。通过社会教育的途径，需要有目的地培养青少年群体的社会适应能力，从而为青少年群体日后正式步入社会做好充分的准备与保障。

在线上、线下的社会教育文化引领协同开展过程中，通过社会教育文化引领价值的挖掘，能够有效地促使青少年群体提升社会适应能力，从而以先进的文化引领导向，领航青少年群体的长远发展，形成了十分积极的社会教育价值功能。

在线上、线下相结合的社会教育文化引领环境下，青少年群体能够通过对于社会教育文化引领的接触与学习，获得主流社会思想潮流潜移默化的影响，并且使自身积极地参与到各种线上、线下的社会教育文化引领活动中。青少年群体能够基于个人的年龄以及发展情况，科学地选择接受社会教育文化引领的信息，并且通过参与社会教育文化引领的过程，增进与其他社会成员的交流与沟通，积极借鉴他人的优秀学习发展经验，总结出个人接受社会教育文化引领的独到见解，以此切实地发展出真实可用的社会适应能力。

第四节　教育合力：内化与实践

一、家庭教育与学校教育的合力

（一）通过家校共育过程积极促进青少年群体实现健康发展

家校共育的青少年心理健康教育模式，能够融合家庭教育与学校教育的优势，在教师及家长的密切配合中，形成一股教育合力，从而使青少年取得"一加一大于二"的心理健康教育效果。

在教育合力的运用中，通过家庭教育与学校教育的"家校共育"过程，注重对于青少年群体的健康发展促进作用，促使青少年在家庭与学校的共同培养下，既获得良好的家德、家风传承，同时又能够形成积极的学习观念与牢固思想道德基础，从而在教育合力的内化与实践过程中，切实促进青少年的健康发展。

具体通过家校共育手段的落实，在家庭教育方面，家长需要在发挥正确家庭教育作用的基础上，与教师进行充分的互动与沟通，将青少年的真实家庭生活情况客观地展现在教师面前，以便教师结合青少年的家庭生活表现，制定符合其自身发展规律的教育方法。而教师在学校教育的基础上，也需要与家长时常进行联络与互动，将学生的在校学习与思想发展状况准确地反映到家长面前，并根据不同学生的不同在校学习表现情况，为家长提出合理性的家庭教育建议，以便家长根据学生在校表现进行相应的家庭教育，从而积极发挥"家校共育"优势，共同促进青少年的健康发展。

（二）利用家校共育模式为青少年树立积极的理想信念

积极的理想信念是指引青少年健康成长与发展的航标。通过家校共育的过程，能够为青少年学生有效地树立积极的理想信念导向，从而促使青少年学生在理想信念的指引下，不断获得成就，不断取得进步。

具体在家校共育的开展过程中，家长应密切协同教师，根据青少年的心理特点与学习发展情况，为青少年制定适合自身发展方向的积极理想信念，使青少年在理想信念的引导下，更好地发挥自身的内在品质与外在实践能力，进一步全面提升青少年的生活、学习效率，使青少年取得更为积极的学习发展效果。

在帮助青少年树立积极的理想信念之时，家长和教师应分别或者共同地与青少年开展互动交流，从了解青少年的最新思想发展动态入手，挖掘青少年内在的独特潜力，并且为青少年科学客观地规划人生发展路径，从而在此基础上，为青少年逐步树立起积极的理想信念方向。这样的"家校共育"过程，需要更为注重青少年的自主化发展意愿，并通过职业生涯规划与理想信念教育的有效结合，在为青少年树立积极的理想信念的基础上，进一步根据青少年的理想信念方向，进行相应的职业生涯规划教育，从而使青少年在理想信念的整体方向引导下，找到现实生活中实现自身理想信念的具体职业发展目标，使学生的理想信念有效地与实际职业发展相结合，更好地促进学生在实践中一步步实现自身的理想信念。

（三）发挥家校共育优势提升青少年内在品格与外在实践能力

青少年需要在学习阶段有效发展自身内在的品格与外在的实践能力，从而才能更好地适应未来社会的发展需要，帮助青少年发展成为一个对于社会有用的人。

在通过理想信念教育以及职业生涯规划教育，为青少年确立远景理想信念目标以及近景职业发展目标的基础上，家长与教师需要通过有效的"家校共育"合作，促进青少年在日常的家庭以及学校生活过程中，积极地提升内在的品格素养，并通过不断学习实践的过程，切实发展青少年的实践能力，以此进一步提升对于青少年的教育合力作用，促使青少年在主观能动性得到有效调动的基础上，利用内在的品格与外在的实践能力积累，一步步地实现自身职业发展目标以及远景理想信念。

通过这样的"家校共育"途径，能够积极地促使青少年利用自身的积极行动，迈出实现自身理想信念与职业发展的关键一步，促使青少年能够认识到个人理想信念与职业发展规划是不能脱离于外部环境而实现的。引导青少年明确内在品格与外在实践能力对于实现自身理想信念与职业生涯规划的积极作用，从而促使青少年在边学习、边发展的过程中，一步步地接近自身的理想信念目标与职业发展目标。

二、家庭教育与社会教育的合力

（一）通过家庭与社会教育结合途径帮助青少年养成基础家庭观

家庭教育与社会教育的结合，能够促进青少年心理健康的高质量成长，并且融合家庭教育与社会教育各自的优势，为青少年构建起从家庭到社会的全方位教育模式，从而切实提升青少年心理健康的发展水平。

家庭教育与社会教育相结合，能够促使青少年群体有效养成基础的家庭观念，帮助青少年正确认识到自身与家庭之间的关系，从而在社会"公序良俗"的倡导下，积极发挥自身作为一名家庭成员的责任感，更好地承担力所能及的家庭义务。

具体而言，在我国传统的文化背景下，"孝"是促进家庭与社会发展的根本美德，并且将"孝"的具体行动充分地落实到家庭的日常生活中。家庭教育通过对青少年"孝顺"与"孝道"的有效培养、锻炼，促使青少年群体形成家庭责任感，并在青少年群体踏入社会后，将青少年群体的家庭责任感转化为社会责任感，以此实现"家齐而后国治"的目的。基于这样的"孝"文化教育背景，家庭教育与社会教育应当更加注重在发挥合力的过程中，以促进青少年群体承担家庭责任与义务作为起点，有效结合劳动教育过程，引导青少年在参与家庭劳动的过程中，明确劳动的积极意义，以此在踏入社会之时，利用家庭劳动向社会劳动的转化，有效促使青少年将家庭责任感转化为社会责任感，从而发挥出更为积极的家庭与社会合力教育的效果。

（二）利用家庭与社会教育结合手段使青少年形成健康发展观

发展观是唯物辩证法的一个总特征。唯物辩证法认为无论是自然界、人类社会，还是人的思维，都是在不断地运动、变化和发展的，事物的发展具有普遍性和客观性。

在利用家庭与社会教育结合手段培养青少年养成正确家庭观，并且主动承担家庭责任与义务的基础上，家长和社会教育应当更好地发挥教育合力作用，进一步培养青少年健康的发展观。

一个人发展观的形成，离不开家庭环境的熏陶与社会阅历的影响；而正确的发展观的树立，需要家庭教育与社会教育的共同努力。在"实现中华民族伟大复兴的中国梦"社会教育大环境下，家庭教育应注重引导青少年注重家庭力量与社会力量的汇聚，从而汇聚起我们每一个小家的点滴力量，而共同实现"中国梦"的美好愿景。在此过程中，青少年应当积极结合自身的家庭观与社会经验，为自身制定符合社会发展规律的发展观，认识到自身与家庭的力量虽然有限，但是，将全体中国人民的力量汇聚起来，就会形成前所未有的强大力量。而家长和社会教育应当积极引导青少年注重利用个人发展的价值，与全体社会成员携手努力，共同实现社会与国家的发展价值，从而为青少年构建起健康的社会发展观念。

（三）发挥家庭与社会教育结合优势促使青少年树立正确价值观

价值观是基于人的一定的思维感官之上而做出的认知、理解、判断或抉择，也就是人认定事物、辩定是非的一种思维或取向，从而体现出人、事、物一定的价值或作用。

基于家庭与社会教育结合手段为青少年树立健康发展观的基础，通过家庭与社会教育的结合优势，应更为有效地促使青少年树立起正确的价值观。所谓正确的价值观，其基本的原则就是实现个人与社会的共同发展进步，不以个人的利益得失为衡量自身价值的标准，而是将个人的价值贡献在社会和国家需要的领域。

通过家庭教育与社会教育的共同影响及倡导，积极引导青少年形成社会价值观，促使青少年在自身的家庭生活以及社会生活中少一份功利性的色彩，多一份利他主义的精神。利用自身对于家庭及社会做出的贡献，积极提升个人的家庭价值以及社会价值，从而在青少年真正踏入社会领域之时，能够心甘情愿地为社会整体发展做出自身的一份贡献，不计较个人的得失，以此成为一个真正对社会发展有益的人。

三、学校教育与社会教育的合力

（一）通过学校与社会教育合力积极提升青少年社会实践能力

社会实践能力是指人们在有目的地探索和改造现实世界的一切社会性客观物质活动过程中所表现出来的能力和素质。它包括科学实践能力、社会实践能力、生产实践能力和教育实践能力。社会实践能力是青少年心理健康发展的重要组成部分，同时也是青少年素质形成的基础。

学校教育与社会教育的融合，需要在引导青少年加强学习观念、增长社会见闻的基础上，积极提升青少年的社会实践能力，从而为青少年今后完全踏入社会做好充分的准备。

在学校教育的过程中，学校应积极与社会实践教育机构相配合，为青少年开展更具有体验感的社会教育活动，促使青少年在积极参与学校主导、社会参与的社会实践过程中，更好地发展社会使命感、社会责任感与社会公德心，利用个人的能力，为社会的发展做出独特的贡献，以此提升青少年的社会实践能力。在具体的社会实践活动开展过程中，学校方面应积极增加与社会实践教育机构的合作教育机会，引导不同年龄层次的青少年，分期分批地陆续开展相应的社会实践活动，以此全面发展不同年龄段青少年的社会实践能力。并利用学校的积极主导作用，促使各年龄段的青少年在完成每一次社会实践活动之后，都进行积极的交流与反思，从而进一步提升学校与社会教育合力下的青少年社会实践教育的效果。

（二）利用学校与社会教育合力为青少年有效培养社会适应能力

青少年的社会适应能力发展，对于整体心理健康的成长具有举足轻重的作用。

在通过学校与社会教育合力有效开展社会实践教育的过程中，教师与社会教育的负责人应注重在社会实践教育的过程中，有目的地培养青少年的社会适应能力，从而促使青少年群体学会与他人合作完成工作任务，懂得理解和包容他人的缺点，能够看到他人身上存在的优点并加以学习，更好地为学生构建起更为完善的社会发展基础。

对于具体的社会实践教育引导，应在发挥教师的主导优势的基础上，充分发挥社会教育负责人的积极教育作用，利用学校教育与社会教育的有效融合，不断提升社会实践教育的实质性价值，为学生上好一堂别开生面的社会实践课程，促使学生能够通过积极参与社会实践活动的过程，更为有效地培养出相应的社会适应能力，促使其在获得社会实践经验的基础上，进一步理解社会间人际交往的重要价值，取得更为出色的社会实践教育效果。

（三）发挥学校与社会教育合力优势促进青少年全面发展

全面发展指人的体力和智力的充分发展，又指人在德、智、体、美、劳各方面和谐的发展。与片面发展、畸形发展相对。通过德、智、体、美、劳五育并重的全面发展观念落实，能够促进青少年满足自身发展需求的全面发展价值的实现。

在学校与社会教育机构合理开展社会实践教育活动的过程中，学校与社会教育机构要发挥各自的专业教育优势，形成积极的教育合力，从而在整体上促进青少年的全面发展。

　　具体而言，通过学校与社会教育机构联合组织的社会实践教育活动过程，在促进学生提升社会实践能力与社会适应能力的基础上，还能够全面地发展青少年的知识学习能力、交流表达能力、团队协作能力等关键能力，促使青少年在深度参与社会实践活动的过程中，实现能力的全面发展。在完成相应的社会实践活动之后，通过以学校教育为主导的相关经验交流、学习、总结活动的有效开展，还能够在加深青少年社会实践体验的基础上，促使青少年能够有效地与同学交流自身的社会实践活动收获，从而在加强彼此间交流的基础上，更为突出地展现出由社会实践活动带来的思想教育价值。加之教师对于经验交流、学习、总结活动的有效指导与点评，真正促使青少年通过社会实践活动获得全面发展。

后记

在当今网络信息变迁的社会背景下，人们经常思考"是我们改变了互联网，还是互联网改变了我们"。其实，这个问题并不难以解答。人们在发展互联网技术的过程中，改变了互联网；经过改变的互联网技术又反作用于人们的生活，从而带来了网络信息的变迁。

通过本著作对于网络信息变迁时代青少年心理特点的分析可以看出，当代的中国青少年的生活与发展，已经不能离开互联网技术而独立存在了。而互联网技术为当今中国青少年带来的正向价值正在日益提升，同时，互联网技术为当今中国青少年带来的负向价值，正在被社会公众与教育界同仁逐渐弥补。

网络信息变迁的本质，无非是信息流的流通。而作为一个具有独立思考能力的人，我国的当代青少年群体应当客观地看待网络信息的变迁，并且在网络信息变迁的大环境中始终不丧失自身的独立思考能力，从而有效地将互联网当作促进自身生活、学习乃至工作发展的工具，更好地实现自身的生活、学习乃至工作发展效率的提升。

基于本著作的研究基础我们得出，在网络信息变迁时代，青少年的心理发展必将会受到网络信息变迁的深刻影响，而在开展青少年心理健康教育的过程中，心理健康教育工作者也应当积极利用"互联网＋"思维，在理解青少年对于网络信息变迁态度的基础上，进行符合当今网络信息变迁时代特点和青少年心理发展普遍规律的有效心理健康教育，从而引导更多的青少年正视互联网的工具性价值，能够积极、正确地利用互联网，实现自身的现实生活高质量发展。

最后，我们希望通过本著作的出版，有效引导我国青少年群体正确看待网络信息变迁的潮起潮落，能够在网络信息变迁的过程中始终"不忘初心"。并希望我国的青少年心理健康教育工作同仁，通过对本著作的阅读有效提升在当今网络信息变迁时代背景下的心理健康教育能力，从而为我国的青少年一代形成更为坚实的心理健康保障。

参考文献

[1] 桑世庆，卢晓慧．走进下一代互联网——改变你生活的物联网 [M]．北京：化学工业出版社，2016．

[2] 玛丽·吉科．超连接：互联网、数字媒体和技术—— 社会生活 [M]．黄雅兰，译．北京：清华大学出版社，2019．

[3] 樊兆杰．顺"信"而为 信息化思维与领导力 [M]．北京：电子工业出版社，2021．

[4] 杜俊飞．互联网思维 [M]．南京：江苏人民出版社，2015．

[5] 夏征农，陈至立．辞海 [M]．上海：上海辞书出版社，2009．

[6] 向登付．短视频 内容设计＋营销推广＋流量变现 [M]．北京：电子工业出版社，2018．

[7] 邬厚民，陈凤芹，周索娴，等．畅享"云生活"（解读互联网世界的动漫科普读本）[M]．北京：中国铁道出版社，2018．

[8] 艾朝君．重新定义互联网电商 打造开放共享网络新生态 [M]．北京：人民邮电出版社，2017．

[9] 王宏，陈小申．数字技术与新媒体传播 [M]．北京：中国传媒大学出版社，2010．

[10] 薛可，陈俊，余明阳．整合营销传播学 [M]．上海：上海交通大学出版社，2019．

[11] 唐嘉仪．新媒体传播十问 [M]．北京：人民日报出版社，2017．

[12] 徐黎. 如何理解"四全媒体"的内涵和意义？[N]. 学习时报，2019-04-08（004）.

[13] 袁红清，李绍英. 电子商务：理论与实训 [M]. 杭州：浙江大学出版社，2019.

[14] 蒋天发. 网络信息安全 [M]. 北京：电子工业出版社，2009.

[15] 中国网络空间研究院. 中国互联网发展报告 2020[M]. 北京：电子工业出版社，2020.

[16] 田丰，郭冉，黄永亮，等. 中国青少年互联网使用安全问题研究 [J]. 公安学研究，2018，1（04）：1-31+123.

[17] 郑浩. 凝聚青年网络正能量 [N]. 中国青年报，2020-03-23（002）.

[18] 李董平. 青少年网络成瘾 [M]. 北京：中国社会出版社，2020.

[19] 李学超. 互联网 + 对青少年的负面影响及其教育对策 [J]. 中国新通信，2021，23（11）：239-240.

[20] 张佰明，李志宏，蔡越越. 网络传播实务 [M]. 北京：中国传媒大学出版社，2010.

[21] 孙霄兵. 扣好人生第一粒扣子 社会主义核心价值观青少年公民读本 [M]. 北京：新华出版社，2015.

[22] 总政治部宣传部. 网络新词语选编 2013[M]. 北京：解放军出版社，2014.

[23] 徐懿然，胡大平. 青年自我认识塑造：基于共同感觉结构的思想政治教育理路 [J]. 江苏高教，2020（09）：88-91.

[24] 王雨函. 认识自我 [M]. 北京：生活·读书·新知三联书店，2019.

[25] 王守仁. 传习录 [M]. 北京：中国画报出版社，2012.

[26] 陈公. 原生家庭 [M]. 合肥：安徽文艺出版社，2017.

[27] 余胜泉. 互联网 + 教育：未来学校 [M]. 北京：电子工业出版社，2019.

[28] 李杰. 网络教育学习导论 [M]. 成都：西南财经大学出版社，2018.

[29] 夏征农，陈至立. 辞海 [M]. 上海：上海辞书出版社，2009.

[30] 杨丽珠.儿童青少年人格发展与教育[M].北京：中国人民大学出版社，2014.

[31] 卡尔·古斯塔夫·荣格.心理类型[M].吴康，译.南京：译林出版社，2014.

[32] 马斯洛.马斯洛精选集(全4册)[M].方士华，译.北京：北京燕山出版社，2013.

[33] 雷雳，张国华，魏华.青少年与网络游戏 一种互联网心理学的视角[M].北京：北京师范大学出版社，2018.

[34] 唐绪莹，熊洁.微课 快学、快用、快设计[M].北京：机械工业出版社，2017.

[35] 王世伟，惠志斌.信息安全辞典[M].上海：上海辞书出版社，2013.

[36] 明学海.信息流广告实战[M].北京：清华大学出版社，2019：12.

[37] 肖正礼.电子文化对青少年儿童的影响[M].武汉：湖北科学技术出版社，2014.